村庄经营的余杭探索

Cunzhuang Jingying de Yuhang Tansuo

季宗富 刘松 主编

余杭

禹上稻乡

Yushang Land of Rice

稻色新 永安心

中国农业科学技术出版社

图书在版编目（CIP）数据

村庄经营的余杭探索 / 季宗富，刘松主编. --北京：中国农业科学技术出版社，2024.2

ISBN 978-7-5116-6648-2

Ⅰ.①村… Ⅱ.①季… ②刘… Ⅲ.①农村－社会主义建设－研究－余杭区 Ⅳ.①F327.554

中国国家版本馆CIP数据核字（2024）第017930号

责任编辑 张诗瑶 闫庆健
责任校对 李向荣
责任印制 姜义伟 王思文

出 版 者 中国农业科学技术出版社
北京市中关村南大街 12 号 邮编：100081
电 话 （010）82106625（编辑室）（010）82106624（发行部）
（010）82109709（读者服务部）
网 址 https: // castp.caas.cn
经 销 者 各地新华书店
印 刷 者 北京建宏印刷有限公司
开 本 170 mm × 240 mm 1/16
印 张 12.5
字 数 201千字
版 次 2024 年 2 月第 1 版 2024 年 2 月第 1 次印刷
定 价 85.00 元

《村庄经营的余杭探索》
编写人员

主　　编　季宗富　刘　松

副 主 编　胡晓东　周卫庆　王　波　李松梅

参　　编　陈木状　胡丹宁　章　斌　张水宝　蒋文龙
　　　　　朱海洋　范立慧　沈　燕　李赫男　孙华林
　　　　　谢小清　李　松　江　峰　盛林峰

序

习近平总书记在党的二十大报告中首次全面概括了中国式现代化的丰富内涵，提出中国共产党的中心任务就是团结带领全国各族人民全面建成社会主义现代化强国、实现第二个百年奋斗目标，以中国式现代化全面推进中华民族伟大复兴。

中国式现代化是人口规模巨大的现代化。中国国土广袤，人口规模14亿多人，地区差异悬殊，实现全体人民共同富裕、物质文明和精神文明相协调、人与自然和谐共生、走和平发展道路的现代化，意义非同寻常，任务异常艰巨。

中国式现代化的根本点是“三农”的现代化。2003年6月5日，世界环境日，时任浙江省委书记习近平同志宣布“千村示范、万村整治”工程全面启动，这是一项以农村生产、生活、生态三大环境改善为重点的“三农”工作决策，是习近平总书记亲自点题、亲自谋划、亲自部署、亲自推动和持久推进的一项伟大工程。

“千万工程”至今20余年，久久为功。浙江原来脏、乱、差的农村变成了中国最美丽的乡村之一，浙江农民的富裕程度也走在全国前列。“千万工程”是小切口、大民生，小切口、大战略。从人居环境的整治入手，最后变成了统筹城乡的龙头工程、惠及千万农民的民生工程、优美生态的环境工程，浙江也成为中国式农业农村现代化的先行区，为全国乡村振兴做出了前瞻性的重大贡献。

乡村振兴是一个系统工程，不仅涵盖乡村的政治、经济、社会、文化和生态，涉及“乡村治理、乡村建设和乡村经营”三大方面，还需要理论

研究和实践探索交互发展。

2006年，时任浙江省委书记习近平同志发表《与时俱进的浙江精神》署名文章，完整地提出了“求真务实、诚信和谐、开放图强”的浙江精神。浙江精神是浙江发展的动力，也是浙江地域文化个性和特色的表达。敢为人先，造就了浙江先进；创新发展，在浙江大地潮起潮涌。

2018年，余杭街道以“千万工程”为依托，大胆提出以“稻香小镇”建设带动乡村全面振兴的探索实践，从永安村的2000亩（1亩≈667平方米）稻田着手，打造数字化高标准农田，以“稻”为媒，农旅融合，打响“禹上稻乡”的区域公共品牌。同时，积极利用浙江农林大学等高校理论研究优势，引入“季宗富乡村经营课题”研究团队，在余杭区创造性地尝试“农村职业经理人”制度。2019年，余杭街道率先面向全国发布农村职业经理人（又称乡村CEO）的招聘广告，短短四年便涌现了以永安村刘松为代表的乡村CEO，活跃在余杭的村头田间。

浙江农林大学浙江省乡村振兴研究院高级经济师季宗富和乡村CEO刘松主编的《村庄经营的余杭探索》一书完整地记录了余杭区农村职业经理人制度的来龙去脉，真实地呈现了以永安村为代表的村庄经营余杭模式，客观地分析了运营实践过程的得失成败。村庄经营的余杭探索是一部纪录片，是一面镜子，更是我们如火如荼乡村振兴大潮中的一朵浪花。

2023年8月20日

目 录

第一章　乡村振兴与村庄经营

第一节　乡村振兴战略 …………………………………… 2

一、乡村振兴战略的理论逻辑 …………………………… 2

二、乡村振兴战略的现实意义 …………………………… 5

三、全面推进乡村振兴战略 ……………………………… 6

第二节　村庄经营 ……………………………………… 10

一、准确理解村庄的概念 ……………………………… 10

二、如何开展村庄经营实践 …………………………… 12

第三节　“千万工程”与村庄经营 ……………………… 17

一、浙江的“千万工程”解读 …………………………… 17

二、村庄经营的浙江探索 ……………………………… 22

第二章　余杭区农村职业经理人制度

第一节　余杭区农村职业经理人制度 ………………… 30

一、农村职业经理人 …………………………………… 31

二、村（社区）选择 …………………………………… 36

三、农村职业经理人管理制度 ………………………… 37

第二节　余杭区农村职业经理人制度的主要成效 …… 60

一、盘活闲置资源 ……………………………………… 60

二、明确产业方向 ……………………………………… 60

三、激发市场意识 ……………………………………… 61

四、增加村民收入 ……………………………………… 61

五、突破引人瓶颈 ……………………………………………………62
第三节　农村职业经理人制度面临的问题 ……………………………63
一、农村职业经理人的成长困境 ……………………………………63
二、农村职业经理人成长的对策建议 ………………………………65
三、完善农村职业经理人制度的建议 ………………………………68

第三章　禹上稻乡团队建设

第一节　组建运营团队 ……………………………………………………72
一、界定团队概念 ……………………………………………………72
二、明晰团队目标 ……………………………………………………72
三、成员相互协作 ……………………………………………………72
四、培养核心成员 ……………………………………………………73
五、团队激励机制 ……………………………………………………74
第二节　组建乡村造梦师团队 ……………………………………………75
一、现实要求 …………………………………………………………75
二、造梦师招募 ………………………………………………………77
三、乡村造梦师内训 …………………………………………………79
四、乡村造梦师初步运行成效 ………………………………………81
第三节　主要成效 …………………………………………………………85
一、优化顶层设计，引才汇智筑就“强磁场” ………………………85
二、健全培养体系，聚链成势拉响“主引擎” ………………………86
三、强化支撑保障，兴业富民打造“金名片” ………………………86

第四章　禹上稻乡品牌打造

第一节　乡村品牌化 …………………………………… 90

　　一、品牌乡村 ……………………………………… 90

　　二、一村一品 ……………………………………… 93

第二节　品牌化建设 …………………………………… 96

　　一、农产品品牌打造和运营 ……………………… 96

　　二、农产品的深开发 ……………………………… 101

第三节　乡村品牌化推广 ……………………………… 106

　　一、共享田园，模式创新，客户体验 …………… 106

　　二、三产融合，数字赋能，全民参与 …………… 106

　　三、多元互促，共同富裕，村企融合 …………… 107

第五章　永安村带动周边村庄发展

第一节　永安村发展现状 ……………………………… 114

第二节　周边村庄发展现状 …………………………… 118

　　一、上湖村 ………………………………………… 118

　　二、义桥村 ………………………………………… 119

　　三、溪塔村 ………………………………………… 121

　　四、竹园村 ………………………………………… 123

　　五、洪桐村 ………………………………………… 124

　　六、下陡门村 ……………………………………… 125

　　七、仙宅村 ………………………………………… 142

第三节　永安村抱团发展的探索 ……………………… 145

　　一、基本情况 ……………………………………… 145

　　二、主要做法及成效 ……………………………… 146

　　三、践行地瓜经济探共富路径 …………………… 149

第六章　经验启示

第一节　组织化创新助力村庄经营 …… 154
一、坚持村庄经营必须党建引领 …… 155
二、创新八村联盟抱团共富机制 …… 156
三、实施乡村造梦师计划 …… 157
第二节　品牌化建设助力村庄经营 …… 159
一、产业兴旺，发掘乡村品牌化的产业价值 …… 159
二、生态宜居，彰显乡村品牌化的生态价值 …… 160
三、乡风文明，打造乡村品牌化的文化价值 …… 160
四、治理有效，建设乡村品牌化的社会价值 …… 160
五、生活富裕，拓宽乡村运营品牌化的经济价值 …… 161
第三节　数字化赋能助力村庄经营 …… 163
一、数字化乡村建设是未来乡村的基础工程 …… 163
二、数字化农业链接“田间”与“指尖” …… 164
三、开创数字生活新服务模式 …… 164

附　录

附录一　媒体报道 …… 168
附录二　余杭街道永安村村规民约 …… 176
附录三　禹上稻乡入驻合作协议 …… 182
附录四　永安村村属企业（杭州稻香农业科技有限公司）管理办法 185
附录五　永安村村歌 …… 187

参考文献 …… 189

X I A N G　C U N　Z H E N　X I N G

第一章　乡村振兴与村庄经营

乡村振兴战略是以习近平同志为核心的党中央从党和国家事业发展全局出发、着眼于实现“两个一百年”奋斗目标、顺应亿万农民对美好生活的向往作出的重大决策，包括乡村产业振兴、乡村人才振兴、乡村文化振兴、乡村生态振兴、乡村组织振兴的全面振兴，是“五位一体”总体布局和“四个全面”战略布局在“三农”工作的体现。浙江“千万工程”被当地农民群众誉为“继实行家庭联产承包责任制后，党和政府为农民办的最受欢迎、最为受益的一件实事”。

第一节 乡村振兴战略

2017年10月党的十九大首次明确提出要实施“乡村振兴战略”。乡村振兴战略是以习近平同志为核心的党中央从党和国家事业发展全局出发、着眼于实现“两个一百年”奋斗目标、顺应亿万农民对美好生活的向往作出的重大决策。乡村振兴是马克思主义理论与中国国情相结合的产物，也是社会主义本质实现的基本要求，乡村振兴战略的提出具有坚实的理论基础和现实依据，是中国特色社会主义进入新时代做好“三农”工作的总抓手。习近平总书记在党的十九大报告中指出，要按照产业兴旺、生态宜居、乡风文明、治理有效、生活富裕的总要求，建立健全城乡融合发展体制和政策体系，加快推进农业农村现代化。这既准确切中了当前乡村发展的要害，也指明了新时代乡村发展的方向。

2022年10月党的二十大再次对推进乡村振兴作出了深刻论述和全面部署，指出要全面建设社会主义现代化国家，最艰巨最繁重的任务仍然在农村。

2023年1月发布的中央一号文件《中共中央 国务院关于做好2023年全面推进乡村振兴重点工作的意见》则全面、系统、明确阐述了乡村振兴的重大意义、什么是乡村振兴、如何实现乡村振兴等重大而现实的问题。一系列政策报告的提出，无一不体现出党和国家对于“三农”问题及乡村振兴发展的高度重视。

一、乡村振兴战略的理论逻辑

马克思主义城乡关系理论构成了乡村振兴战略前身。马克思、恩格斯在19世纪工人运动实践基础上，立足于历史唯物主义，考察了整个人类社会城乡关系的发展脉络，揭示了城乡关系的实质并创立了关于城乡关系问题的一系列宝贵理论。他们认为，随着生产力的发展及城市的工业化，城乡差异的出现是必然，且这种差异将持续扩大，甚至出现尖锐对立。共产主义的实现必须是以消除城乡差别、工农差别、体力劳动和脑力劳动差别作为基础的，因此，城乡关系的发展趋势就是从对立走向融合。

禹上稻乡油菜景点

随着国家经济实力和综合国力增强，当具备支撑城乡发展一体化的物质技术条件时，就到了工业反哺农业、城市支持乡村的发展阶段，也进入了着力破解城乡二元结构、实现城乡经济社会发展一体化的重要时期。当生产力快速发展，城乡物质财富不断扩大，城乡关系日益紧密，相互作用不断加强，必将不断缩小城乡发展之间存在的差距，打破城乡分割壁垒，重塑城乡关系。从对立到开放的城乡关系，再到城乡协调，实现城乡融合发展是大势所趋。因此，要想实现乡村振兴发展，就要扎实推进乡村产业、人才、文化、生态、组织振兴，通过城乡融合促进要素合理配置，提升发展效率。

中国共产党的初心和使命是为中国人民谋幸福，为中华民族谋复兴。没有农业农村的现代化，就谈不上国家的现代化；没有农业强、农村美、农民富，就不会有亿万农民的获得感和幸福感；没有乡村的全面振兴，就不可能有共同富裕的实现，中国特色社会主义的本质也就无法充分体现，中国特色社会主义制度的优越性同样无法充分彰显。实施乡村振兴战略，实现乡村全面振兴，承载着中华民族的千年梦想和中国共产党的不变初心。

实施乡村振兴战略，全国全社会凝心聚力、加大对农业农村发展的支持，既为完成脱贫攻坚任务提供了保障，也为巩固拓展脱贫攻坚成果提供了强力支撑。走中国特色社会主义乡村振兴道路，需要不断推进农业农村现代化，需要通过城乡融合促进要素合理配置、提升发展效率，需要以实现共同富裕为目标凝聚最广泛的发展共识和动力。

实施乡村振兴战略，是回应人民日益增长的美好生活需要和不平衡不充分发展之间矛盾的客观要求，是有效避免“中等收入陷阱”、促进全体人民共享改革发展成果、实现城乡融合发展、逐步实现共同富裕的根本路径。

实施乡村振兴战略，是对马克思主义发展观的坚持和发展，是不断追寻和探索人与自然和谐共生，人与人、文明与文明和谐共处，城市与乡村共同繁荣的现代化道路的伟大实践。中国乡村振兴战略坚持以人民为中心的发展思想，贯彻落实新发展理念，不仅是推进和拓展中国式现代化的生动实践，也是构建人类文明新形态的有益探索。

二、乡村振兴战略的现实意义

我国的基本国情决定了必须实施乡村振兴战略。中国自古以来就是一个农业大国，农业、农村、农民问题是事关国民经济和社会发展全局的根本性问题。只有切实解决乡村转型发展中的“三农”问题，建立健全城乡融合发展的体制机制、政策体系，才能真正实现乡村的可持续发展，对我国实现城乡交融和建成现代化社会起到推动作用。当前，经过改革开放40多年的发展，我国脱贫攻坚的任务已经完成，奠定了走向乡村振兴的基础，乡村发展进入了加快转型和全面建设的新阶段，步入了推动农业农村现代化和城乡融合发展的重要阶段。但是，由于我国乡村要素不匹配、结构不合理，引发农业基础不牢固、城乡发展不平衡不充分等诸多问题，致使很大一部分农村人口的生活并没有走向现代化，农村“空心化”问题日趋严峻，劳动力匮乏，农村产业化发展类型单一，阻碍了乡村产业区域的可持续发展。同时，农村缺乏资金和配套基础设备，创新产业无法顺利开展。诸多乡村发展面临的现实难题使得我国乡村发展并未达到社会主义社会的要求，因此要直面我国目前农村发展的现实困境，做好乡村振兴与巩固拓展脱贫攻坚成果的有效衔接。可以说，乡村振兴本质上是乡村转型发展的一个特殊阶段，乡村振兴战略则是乡村发展到一定阶段后，为系统解决突出问题难题的战略选择和必由之路。

在党和国家政策的鼓励下，各地在探索乡村振兴方面都做了大量工作，并取得了许多成效。浙江省杭州市余杭区永安村积极响应国家号召，为更好实现乡村振兴战略总要求，产业振兴方面，永安村建立科学的土地规模流转机制，打造数字农田先行区，提升耕地利用率、生产力和单位面积收益，打造“稻香小镇”并实施品牌化引领，依托数字化智能化和产学研联动，打造新型产销供应链和创新链；人才振兴方面，永安村创新组织载体成立村属公司，在余杭区“农村职业经理人”制度体系下，引进经营性人才，鼓励村民就业创业和吸引优秀人才返乡进村创业，由此搭建专业的运营团队，构建了扎实的运营组织保障；文化振兴方面，永安村以其悠久的稻作文明和丰富的水稻种植历史作为基础，保留其丰富优良的传统手工技艺和文化活动，大力发扬其浓厚的田园氛围与民俗文化，建设自己独

禹上稻乡稻田景点

有的文化品牌；生态振兴方面，永安村不断完善田园和村庄的基础设施建设和环境治理，鼓励农民发展生态经济，开辟农文旅共同发展的生态经济新路径；组织振兴方面，永安村积极加强党的领导，通过党建带动、党员先锋、协商推进、联盟引领，发挥党员骨干作用，开展党群活动，促进干群一心，共同绘就乡村振兴新蓝图。可以说，永安村以“稻”为核，为更好实施乡村振兴战略，通过组织化创新、品牌化建设、数字化赋能，走出了一条产业高质高效、乡村宜居宜业、农民富裕富足、农业智慧智能的村庄经营新“稻”路。

三、全面推进乡村振兴战略

乡村振兴是包括产业振兴、人才振兴、文化振兴、生态振兴、组织振兴的全面振兴，是“五位一体”总体布局、“四个全面”战略布局在“三农”工作的体现。要统筹推进农村经济建设、政治建设、文化建设、社会建设、生态文明建设和党的建设，促进农业全面升级、农村全面进步、农民全面发展。习近平总书记关于“三农”工作的重要论述思想深邃、内涵丰富、逻辑严密，回答了全面推进乡村振兴的一系列重大理论和实践问题，形成了完整的科学理论体系，是党“三农”工作理论创新的最新成果，是习近平新时代中国特色社会主义思想的重要组成部分，是新时代做好“三农”工作的行动指南和根本遵循。

(一)产业振兴是根本

产业振兴是乡村振兴的重中之重，产业兴旺，是解决农村一切问题的前提。产业振兴提出后，促进产业兴旺的政策体系初步形成，《中华人民共和国乡村振兴促进法》《乡村振兴战略规划(2018—2022年)》中对产业振兴有专门阐述，《全国乡村特色产业发展规划(2020—2025年)》《关于推动脱贫地区特色产业可持续发展的指导意见》等政策文件，都对发展特色产业、促进产业融合发展、完善联农益农机制提出明确要求。各地持续激发乡村资源要素活力，持续培育乡村产业经营主体，持续提升农村就业创业质量，持续建设集聚融合发展平台，乡村产业发展加快，农文旅深度融合发展，农村电商蓬勃发展，乡村特色产业传承发展。农村一二三产业深度融合，休闲观光、农村电商等新产业新业态蓬勃发展，农村创新创业活力不断激发。

(二)人才振兴是关键

全面推进乡村振兴，人才支撑是关键。中共中央办公厅、国务院办公厅在2021年初印发了《关于加快推进乡村人才振兴的意见》，各地各部门认真贯彻落实党中央、国务院决策部署，把人力资本开发放在首要位置。制定《“十四五”农业农村人才队伍建设发展规划》等政策文件，促进人才返乡、下乡、兴乡，为推进乡村振兴提供智力支撑。一是健全人才入乡机制。从体制机制入手，打破人才入乡返乡的束缚，建立人才定期服务乡村制度，引导城市人才定期下乡服务。二是加强农民教育培训。大规模培育高素质农民，分类培养了一批种养加专业能手、新型农业经营主体、乡村治理骨干力量。三是优化乡村营商环境留住人才。结合实施乡村建设行动，持续改善农村人居环境，推动基础设施和公共服务往村覆盖、往户延伸，改善人才工作和生活条件。四是搭建干事创业平台。支持引导各类人才向现代农业产业园区集聚，支持人才返乡下乡发展新产业新业态。

（三）文化振兴是内涵

乡村振兴，乡风文明是保障。实践表明，乡村文化具有的经济功能有力促进产业发展，乡村文化具有的秩序功能有力推动乡村治理，乡村文化具有的生态功能有力促进美丽乡村建设，乡村文化具有的政治功能有力促进民族合力凝聚。通过弘扬社会主义核心价值观，推动移风易俗，破除陈规陋习，营造文明乡风，让乡村文化保持健康向上状态。持续增强农民对乡村文化的认同，增强文化自信。持续加大文化振兴投入力度，从农民利益出发，推动乡村公共文化体系建设，完善农村文化生活配套设施，满足农民的精神文化需求。

（四）生态振兴是基础

乡村振兴，生态宜居是关键。生态振兴就是全面提升农村环境、产业、文化、治理等，将农村打造成为人与自然、人与人和谐共生的美丽家园，构建人与自然和谐共生的乡村发展新格局。生态振兴的目标，就是要实现既要有优美的自然环境作为基础，又要有良好的生态经济作为保障的乡村经济社会可持续发展。以生态宜居美丽乡村建设为目标推进乡村生态振兴。一是充分发挥规划引领作用，做到先规划后建设。编制村庄规划要注重实用性，保持乡村独特的风貌，留住村庄的乡情味和烟火气，防止千村一面。二是转变生产生活方式，坚持生产生活生态有机融合。三是做到软硬件并举，保护与发展并重。改善农村基础设施条件，提升农村公共服务水平，进一步推进移风易俗，促进乡风文明建设。四是加快城乡融合发展。加强农村基础设施和公共服务体系建设。五是发挥多元主体作用，形成合力推动的良好局面。

牢固树立和践行“绿水青山就是金山银山”的理念，创新工作思路，强化政策措施，推动农业绿色发展、乡村生态振兴取得积极进展。

（五）组织振兴是保障

乡村振兴，治理有效是基础，培育优化乡村振兴的组织力量是组织振兴的根本。着力提升乡镇党委统筹能力，把熟悉农村、热爱农村、长期扎根农村基层一线的人员提拔进入乡镇领导班子，促使班子整体活力和战斗力显著增强；着力提升村级党组织治理能力，把“强村”作为基层基础建设的重点，不断夯实战斗堡垒。把组织振兴融入加强基层治理体系和治理能力现代化建设进程中。创新基层“党建＋治理”的工作模式，完善“综治中心＋网格化＋信息化”治理体系，不断提高基层治理社会化、法治化、智能化、专业化水平。党委领导、政府负责、社会协同、公众参与、法治保障的现代乡村社会治理体制建立健全，充满活力、和谐有序的善治乡村加快形成。农村基层党组织战斗堡垒作用进一步加强，乡村发展内生动力不断增强。

自党的十九大提出实施乡村振兴战略以来，习近平总书记亲自谋划、亲自部署。在习近平总书记关于“三农”工作的重要论述指引下，在党中央、国务院的坚强领导下，乡村振兴战略制度框架不断健全，规划体系、政策体系、工作体系和考核机制不断完善，党对乡村振兴的全面领导不断加强，乡村产业、人才、文化、生态、组织振兴全面推进，乡村振兴战略实施取得初步成效。

第二节　村庄经营

在乡村振兴、实现共富的时代大潮下，村庄经营成了“网红”话题，是时代的产物，是发展的必然。

村庄经营，就是运用城市经营的理念、企业管理的手段，对乡村实施整治改造，完善各类基础设施建设和公共服务配套；整合各类乡村自然资源和集体资产，通过市场化运作，资源转化、资产增值，实现集体经济增强、村民收入增加的“强村富民”目标。

乡村振兴正从过去传统的建设时代进入经营时代。通过持续不断的迭代升级，目前乡村已经完成了将资源逐步开发，并沉淀为乡村资产的过程，已具备了很好的硬件条件，但美中仍有不足：一是同质化开发，千村一面；二是政府财政投入为主，产业缺少人才，有输血无造血；三是没有把美丽乡村有效转化为美丽经济。而要解决上述这些问题，必须借助于村庄经营。

一、准确理解村庄的概念

村庄是一个综合性社会共同体，是行政组织的末梢，是社会稳定和谐的根基，更是建构“共同富裕”的重要节点。

《辞源》一书中，村庄被解释为主要从事农业、人口分布较城镇分散的地方。以美国学者 R. D · 罗德菲尔德为代表的部分外国学者指出，“乡村是人口稀少、比较隔绝、以农业生产为主要经济基础、人们生活基本相似，而与社会其他部分，特别是城市有所不同的地方”。

村庄是以农业为经济活动基本内容的一类聚落的总称，又称农村、乡村。

村庄具有特定的自然景观和社会经济条件，指以从事农业生产为主的劳动者聚居的地方，是不同于城市、城镇而从事农业的人群聚居地。村庄是相对于城市的称谓，指农业区，有集镇、村落，以农业产业（自然经济和第一产业）为主，包括各种农场（包括畜牧和水产养殖场）、林场、园艺和蔬菜生产等。跟人口集中的城镇比较，村庄人口呈散落居住。在进入工业化社会之前，社会中大部分的人口居住在村庄。村庄的生活节奏慢，生活压力相对于城市较小。

永安村村口

村庄同城市相比有其特点：一是人口稀少，居民点分散在农业生产的环境之中，具有田园风光。二是家族聚居的现象较为明显。三是公共服务配套较弱，工业、商业、金融、文化、教育、卫生事业的发展水平较低。鸦片战争以前，中国农村处于封建社会末期。沿海地区已先后和数量不等地出现了资本主义萌芽，在村庄中占统治地位的仍然是封建地主土地所有制和小农经营的自然经济。四是乡土文化习俗较浓厚。多数村庄都有本土的一些约定俗成的习惯风俗。五是交通不发达，相对城市的交通来说，村庄的道路多为狭窄的乡间小路。

（一）村庄的四大表征

人——村民（常住村民，也包括新村民和游客）国外经常用居住人口来区分城市和乡村，乡村的聚落人口规模小、聚落之间空阔，以从事农业生产为主要谋生手段。

房——村落（开放、无隔离的民居，祠堂或文化礼堂、闲置房、宅基地，＋农家乐、＋民宿、＋养老、＋产业园区）。

地——农业生产（农林渔牧，也包括流转、大户、公司、农副产品加工企业、土特产、产业链、景观农业等）以土地的粗放利用为特征，在村民心目中有最重要的地位。

景——自然景观资源（山水林湖沙海，也包括村落景区、居住环境、康养业态等），是生态、原始、自然的。

（二）村庄的文化特征

（1）人与人之间的交往是直接的、面对面的。

（2）行为方式标准单一，传统风俗、道德的力量大。

（3）生活方式以家庭为中心，宗族、血缘关系强大。

（4）自给自足的生产、生活、思维模式。

二、如何开展村庄经营实践

村庄经营，顾名思义，即对村庄进行市场化运营，通过爱乡村、会策划、懂营销的乡村运营师团队，将乡村资源优势、生态优势转化为经济优势、发展优势。具体来说，就是在村庄建设的基础上，采用运营前置的思维和市场化的手段，组建运营公司，从自我盈利角度出发，多元化方式盘活村庄资产，提高乡村的资源资产收益率，促进乡村的可持续发展；深度挖掘村庄一切可利用资源，将其转化为产品，实现差异化发展；同时剥离一些不规范的操作，开拓村民思维、引导村民行动、带领村民致富，一起走向共同富裕。

浙江在推进乡村振兴与共同富裕进程中，创造了种类丰富的经营村庄实践模式，如临安区的招引乡村运营师模式、余杭区的招聘农村职业经理人模式、嘉兴的土地综合利用模式（全域整治、飞地抱团）、安吉鲁家村和西湖区桑园村的购买运营服务模式和村集体自主经营模式等。

(一)村庄经营应遵循的三项基本原则

1.合理规划村庄空间，引导产业方向

科学合理的村庄空间布局，既保证了各功能的有效协调与运行，也决定了村庄的发展形态。村庄规划应在详细梳理现状问题的基础上，合理布局生产、居住、商业、休闲、行政五大功能，并在科学进行交通规划的基础上，延续村庄传统空间格局、街巷肌理和建筑布局，重点进行村庄布局形态、街巷走向与宽度、公共空间和景观廊道等要素的规划。

以资源为基础，以市场消费为导向，充分激发村民个体的活力，选择既能体现当地优势、又有市场需求的产品进行创新开发，比如农作物、手工艺品、文化活动、地方传统节日等。比如，毗邻城市集中建设区的村庄，更适合发展与城区、镇区产业相配套的产业。而远离城市集中建设区的村庄，更适宜从自身的特色优势资源出发，寻找产业发展方向。使农业生产、农产品加工和销售、餐饮、休闲以及其他服务业有机地整合在一起，使得乡村一二三产业之间紧密相连、协同发展，最终实现农业产业链延伸、产业范围扩展和农民增收。

2.充分激活村庄沉睡资源，开辟增收渠道

实施村庄经营前，要摸清村庄家底。家底指乡村资源或资产。乡村资源包涵三大类，第一类是经营性资产，如可用于经营的房产，通过出租可直接变现。第二类是非经营性资产（公益性资产），如文化礼堂、教室、卫生院等。这部分资产随着乡村发展情况的变迁，有些可作为经营性资产处理，例如，长久废弃的小学校舍，村集体可将其作为经营性资产处理。第三类是资源性资产，如土地、森林、山岭、荒地、滩涂等。

3.有效促进产业集聚发展，发挥集聚效益

通过村集体的行政力量，可以适度集中发展相关产业，形成规模效应与社会影响力；也可以实施“村＋村”抱团发展。一个村的资源有限，可以两个村联合，甚至多个村联合。

发展新型农村集体经济，重点是做好农村集体产权制度改革的下半篇文章，巩固拓展改革成果。既要抓好运行机制的完善，推动构建产权关系

明晰、治理架构科学、经营方式稳健、收益分配合理的运行机制；也要探索多样化发展途径，推行资源发包、物业出租、居间服务、资产参股等多种模式，提高集体经济收入和服务带动能力。同时，要健全农村集体资产监管体系，保障集体成员的知情权、参与权、经营权。

（二）实施村庄经营的三个基本步骤

1.进行资源整合和利用

乡村的资源是分散的，产权关系也是比较复杂的，怎样把分散的资源，通过村集体把它串联起来，整个过程其实是可以运营。完成这个过程一定是会需要对接市场，招引外来的投资方成为乡村振兴的中坚力量。村集体和运营方，通过资金的方式和市场方式共同来把土地进行整合，一般都是通过村股份经济合作社，去把资源整合进来，并对接市场主体和政府职能部门。资源整合的过程也是村集体组织功能的一个完善和治理水平提升的一个过程。

资源利用的方式有很多，各地的土地政策不一样，产业基础也不一样，因此资源利用的方式是需要因地制宜的。在资源利用的阶段，虽然也是需要去做调研、投资、策划、规划、设计、建设、运营等的一些工作，但它有一个核心就是整村运营，这是一个长效的运营机制，它需要建立一个统一的“出口”，起到桥梁作用，使整村运营能够做好。

长效的运营其实就是资源管理服务，在这个过程当中，每个阶段它都需要一些具体的工作去支撑。比如说，在资源管服过程中，首先需要去做产业的策划，包括机制的设置，以及在这个过程当中怎样让村集体能够发挥很好的治理作用，同时企业或者市场方还能够协助村集体去完善、提升治理水平。然后就是协同治理，在这个过程当中要运用市场化手段去对接市场，让资源能够实现更大的溢价；最后就是对整个产业的管理和服务，包括整个项目、产业的一些推广等，这样的完整链条就形成了整村运营。

摸清家底，对村内的资源，包括村社老百姓的资源进行一个资源的分类和造册，造册是为了后面要去定价，哪些资源可能变成公共的资产或者是服务类的资产，还有一部分变成经营性的资产，都是有价格的。

要厘清产权关系，应该以村民小组为单位去进行经营权委托的一个资源清单。

要通过议事程序去达成共识，第一个是定方向，第二个是定规划，第三个是绘蓝图，运营商要和村民手牵手，携手一起走向一个光明的方向，这个光明的方向是什么样的，必须有一个呈现，这样子老百姓才能够真正了解并参与进来，才能真正发挥老百姓的力量。

2.开展整村运营

整村运营是为资产收益去做链接，在这个过程中，村集体经济组织以市场的需求作为导向，去明确村集体的主权地位，因为资源的所有权都是属于村集体的，所以我们要在所有的资源集中起来后由村集体统一对接，在这个过程中，村集体要发挥桥梁的作用，一端是我们老百姓分散的资源和社里分散的资源，另一端就是市场和产业，中间就是运营商。

运营的乡村资源分为有形资源和无形资源，有形的资源就是通过定价能够产生收益的这一部分资产，把它变成一个可经营的资产；无形的资源是生态和人文。通过分类去做资源清单，通过市场逻辑去定价，通过契约和规则去保障体系的运转，举办各类公益活动、节气民俗活动，招引乡贤和人才回乡进村。

整村运营，有一个清晰的权责关系，在发展过程中，其实有非常多的关联主体，包括村民小组、村集体产业方、投资方、外来的创就业人员以及可能来消费的潜在乡村旅游者等，在发展的过程中通过定规则去平衡这些关联方之间的关系，进而达到融合发展。

采用“政府＋运营商＋在地村民”的组织运营模式，一方面能减少运营商人才投入、留住人才的运营成本；另一方面以在地村民为运营主体，确保发挥市场化手段和乡村振兴的“强村富民”宗旨不偏航，激发在地村民的资源投入、技能投入、运营投入等热情。

实施整村运营，运营必须前置。为什么运营中途会出现诸多问题，却又很难找到解决之道。其实就是乡村振兴规划缺少全盘性操作思维，运营被置入最后一个环节。后果是前期规划策划与后期运营实际主体脱节，项目操作后期会产生多方面矛盾，不利于落地实施。因此，在策划规划阶段，需要运营前置，需要全盘性操作思维。让村庄项目在落地实践过程中少走弯路，在前期就能清晰掌握项目投资建设的重点，提前解决项目后期可能遇到的一些困难和瓶颈，降低后期建设与运营维护的成本，确定前期项目是否具备吸引力，组织好二次消费相关产品，解决现金流、招商引资等多种问题。让后期运营人员能基于规划内容和运营实际情况，解决好运营过程中出现的问题。

3.加快产业融合发展

产业是村庄经营的主要抓手，产业兴旺，不仅要农业优先、以农立农，更要产业融合、百业兴旺，依托农业发展二三产业，并促进产业之间深度融合，村庄经营的内生动力就是村民和主导产业。

对于乡村主导产业，不管是农业，或是文旅、传统手工业等产业，需要从品类、功能价值、品牌等多方面打造覆盖消费者生活方方面面的产品、商品，能源源不断地对外输出，避免出现如疫情导致旅游自闭而现金流断裂的局面，在地村民能在一产或是制作生产等方面创造收入，运营商则能在加工、营销推广、二次销售、品牌等服务方面盈利。

在乡村主导产业的基础上，配合以本土文化资源、闲置民居等，引入旅游、康养、双创等多元产业，促进三产有机融合，一方面能保障乡村项目产品的不断推陈出新，另一方面吸引不同企业入驻，保障项目有效地运营落地，以便最大化发挥产业价值的乘数效应。乡村主导产业保障乡村发展现金流不断开，三产融合能让现金流“锦上添花”！

第三节　“千万工程”与村庄经营

一、浙江的“千万工程”解读

2003年6月，时任浙江省委书记的习近平审时度势，高瞻远瞩，做出了实施“千万工程”的决策，从浙江全省选择1万个左右的行政村进行全面整治，把其中1000个左右的中心村建成全面小康建设示范村。

“千村示范、万村整治”应运而生。浙江成立了由财政、交通、水利、环保等10多个部门组成的协调小组，系统性、全局性谋划推进。以改善农村生态环境、提高农民生活质量为核心的村庄整治建设大行动开展起

永安村一角

来：清垃圾、清污水、清厕所、道路硬化、村庄绿化，农村基础设施建设不断完善，乡村人居环境发生了质的提升。

2006年8月在浙江台州召开的“千万工程”现场会上，习近平同志发表重要讲话，全面总结了“千万工程”实施带来的6个方面的深刻变化，即村容村貌与农村生态环境、农民生活质量与生活方式、农村生产条件与生产方式、农村精神风貌与农民文明素质、干部作风与干群关系、政府职能转变与城乡关系的深刻变化。他还强调，“千村示范、万村整治”工程是推进新农村建设的龙头工程、统筹城乡兴“三农”的有效抓手、造福千万农民的民心工程。他还特别强调，工程实施要把整治村庄和经营村庄结合起来，把改善村落村貌与发展生产、富裕农民结合起来，把村庄整治过程变成开发利用乡村特色优势资源、发展特色产业的过程，让更多的村庄成为充满生机活力和特色魅力的富丽乡村。

“千万工程”被当地农民群众誉为“继实行家庭联产承包责任制后，党和政府为农民办的最受欢迎、最为受益的一件实事”。大概经历了三个阶段。

一是2003—2010年，以村庄环境整治为重点的“千村示范、万村整治”阶段，广大乡村从脏乱差迈向整洁有序。

二是2011—2020年，以美丽乡村建设为重点的“千村精品、万村美丽”阶段，广大乡村从整洁有序迈向美丽宜居。村庄变景区、农房变客房、资源变资产，随着“千万工程”持续深入，浙江的美丽乡村正不断催生出多元新兴业态，为乡村振兴注入澎湃活力。

三是2021年以来，以未来乡村建设为重点，开启“千村未来、万村共富”新阶段，推动乡村从美丽宜居迈向共富共美。

20多年来，浙江省委、省政府坚持“千万工程”一张蓝图绘到底，一任接着一任干，一年接着一年干，每年召开深化“千万工程”现场会，由省委书记亲自参加并作工作部署。

截至2022年，已连续召开了19次现场会，不断深化拓展、迭代升级“千万工程”的内涵外延，从治到美再到富，有力推动了乡村振兴和农业农村现代化，也为全国农村人居环境整治树立了标杆。

2021年12月，中共中央办公厅、国务院办公厅印发《农村人居环境整治提升五年行动方案（2021—2025年）》，其中明确提出“深入学习推广浙江‘千万工程’经验”。

（一）保持政策连续性，实现“一张蓝图干到底”的制度化保障

2010年12月，为接续深化“千万工程”，浙江省委、省政府制定《浙江省美丽乡村建设行动计划（2011—2015年）》，在全国率先开展美丽乡村建设，提出“四美三宜两园”的目标要求，即科学规划布局美、村容整洁环境美、创业增收生活美、乡风文明素质美；宜居、宜业、宜游；幸福生活家园、休闲旅游乐园。从“新”到“美”，即从新农村到美丽乡村，使“千村示范、万村整治”工程成为美丽乡村建设的新目标。到2016年，5年美丽乡村建设行动计划完成后，浙江省委、省政府又制定《浙江省深化美丽乡村建设行动计划（2016—2020年）》，明确了下一个五年建设美丽乡村的目标任务。2018年4月，浙江省委、省政府又制定《全面实施乡村振兴战略高水平推进农业农村现代化行动计划（2018—2022年）》，提出“让农村加快成为安居乐业的美丽家园，推动乡村全面振兴”。这些连续性政策和行动计划，体现了浙江在美丽乡村建设和乡村振兴上的无缝对接持续发力。

（二）强化规划引领，形成一幅完整的县乡村规划体系图

规划是引领，是蓝图，也是硬约束。浙江较早把乡村治理和乡村振兴纳入规划的轨道。有关部门和建设单位，对美丽乡村的每个项目、每个工程，都组织有资质的单位进行科学规划，公开招标，防止主观臆断、徇私舞弊。目前，全省形成了以县域美丽乡村建设规划为龙头，村庄布局规划、中心村建设规划、农村土地综合整治规划、历史文化村落保护利用规划为基础的“1＋4”县域美丽乡村建设规划体系。

（三）加大政府投入力度，重点完善乡村交通等基础设施建设

就农村道路改造而言，2003年实施“乡村康庄工程”，2006年所有乡镇通等级公路，2011年实现“农村公路村村通”，2016年全面创建“万里美丽经济交通走廊”，2017年实现“农村客车村村通”。10多年来，累计投入资金超过2000亿元，新改建农村公路9万多千米，农村交通总体水平居全国前列。2018年，又组织实施农村道路3年提升行动，高水平建设

“四好农村路”，进一步为“千万工程”提供更好支撑。到2020年，浙江实施乡村全域土地综合整治工程572个，新建和改造“四好农村路”超8000千米，新增384万农村居民喝上达标饮用水。

（四）敢于探索树典型，示范带动再推广

自2016年开始，浙江省“千村示范万村整治”工作协调小组办公室每年公布一批美丽乡村示范乡镇、美丽乡村特色精品村名单。截至2021年底，浙江已累计建成美丽乡村先进县58个、示范县56个、示范乡镇610个；创建美丽乡村风景线665条、特色精品村1835个、新时代美丽乡村达标村15841个，建成A级景区村10083个，其中AAA级景区村1597个；建成标准化农村公厕6.7万座，实现垃圾分类行政村基本覆盖、农村规划保留村生活污水截污纳管、雨污分流治理全覆盖、无害化卫生厕所普及率99%以上，农村生活污水治理位列全国“第一方阵”；历史文化村落保护利用和农业文化遗产挖掘全面推进，共有2537个古村落得到保护，中国重要农业文化遗产数量全国第一。2022年3月，在浙江省农业农村厅等支持下，东阳花园村创办了“千万工程”展示馆，综合运用数字化手段，展示了“千万工程”的政策引领、经验启示、实施路径和典型案例，成为全面总结浙江省“千万工程”宝贵经验、展现浙江美丽乡村建设成果和未来方向的多维实体空间载体，并成为美丽乡村“全国学浙江”的实践培训基地，具有深刻的政治和历史意义。

（五）合力谱写“千万工程”和美丽浙江建设新篇章

为深入学习贯彻习近平对“千万工程”的重要指示精神，全力打造“千万工程”升级版，2018年11月9日，浙江举行深化“千万工程”、建设美丽浙江推进大会。浙江省委强调，自觉践行习近平总书记赋予的新期望，持续

从空中俯瞰的禹上稻乡

发力、久久为功，打造“千万工程”升级版，加快建设美丽浙江，把全省建成大花园。根据浙江省委、省政府的决策部署，2019年5月，浙江发布《美丽河湖建设行动方案（2019—2022年）》，提出将以实现全域美丽河湖为目标，全力实施“百江千河万溪水美”工程，到2022年，努力打造100条县域美丽母亲河、1000条（片）以上特色美丽河湖、10000条（片）以上乡村美丽河湖，以美丽河湖串联起美丽城镇、美丽乡村、美丽田园，基本形成浙江全省“一村一溪一风景、一镇一河一风情、一城一江一风光”的全域大美河湖新格局，打造新时代浙江全省域的“富春山居图”。

二、村庄经营的浙江探索

2003年6月，时任省委书记的习近平同志提出“八八战略”，启动“千村示范、万村整治”工程，经过20多年久久为功、扎实推进，财政累计投入村庄整治和美丽乡村建设的资金超过2000亿元、建成了1.58万个新时代美丽乡村；截至2022年底，全省90%以上的村庄达到新时代美丽乡村标准；全省乡村旅游共接待游客3.9亿人次、营业总收入469亿元，从业人员33.4万人。

千万工程，是浙江“绿水青山就是金山银山”理念在基层农村的成功实践，是美丽生态向美丽经济、美好生活转化的有力载体。村庄经营，与千万工程一脉相承，田园变公园、村庄变景区、农房变客房、村民变股东、资源变资产，乡村产业百花齐放，整体走在全国前列，为浙江高质量发展建设共同富裕示范区打下了扎实基础。

（一）浙江村庄经营的实践回顾

浙江“千万工程”的初心，不仅仅是建成美丽乡村，“村美人和共富”才是浙江乡村发展的终极图景。让乡村的美丽可持续、激发乡村发展的内生动力，让政府的建设投入产生经济效益，实现美丽乡村向美丽经济转化，为“三农”发展开创一番新天地。

浙江又大胆提出“村庄经营”的思路，2017年，浙江推行全域旅游，计划用5年时间，打造1万个景区村庄，其中1000个达到AAA级标准。

杭州市临安区率先跨出了第一步，2017年底，在临安区政府统一部署下，组建起13个村级运营平台，对13个村落景区开展独立运营，其中11个引进了社会资本，与村集体合作成立运营公司，短短数年，涌现了龙门秘境、红叶指南和径山阳坡等成功案例。

村庄经营是美丽乡村转化为美丽经济的有力抓手，是深化“千万工程”的关键一环，是践行“两山”理念的有效方法，更是强村富民的新通道、实现农村共同富裕的新路径。

通过把村庄整治和村庄经营结合起来，把改善村容村貌与发展生产、富裕农民结合起来，把单纯的村庄建设过程变成开发利用乡村特色优势资源发展特色产业的过程，让更多的村庄成为充满生机活力和特色魅力的和美村庄。

通过大力实施“强村富民”集成改革，助推农村集体经济改革。截至2022年底，浙江农村集体经济总收入达到760亿元，全省村级集体总资产8800亿元、占全国十分之一强；集体经济收入30万元以上且经营性收入15万元以上行政村占比85%以上、经营性收入50万元以上行政村占比51.2%，全面消除了集体经济总收入20万元以下、经营性收入10万元以下的行政村。

2003年以来，浙江省每年召开“千万工程”现场推进会，每5年出台一个行动计划，每个阶段出台一个实施意见。从“千村示范、万村整治”到“千村精品、万村美丽”，再到“千村未来、万村共富”，不断深化拓展，给浙江乡村带来了历史性、全局性的持续变化。“千万工程”和村庄经营一脉相承，是一个立意深远、逻辑完整的思想体系，是一个开放包容、不断发展的工作体系，为乡村振兴和未来乡村建设指明了方向、提供了路径、丰富了手段。

（二）浙江村庄经营的现状分析

2017年开始探索村庄经营以来，全省各地百舸争流、百花齐放，因地制宜开展模式多样、业态各异的村庄经营模式，把村集体和村民的闲置资源开发利用起来、把集体资产做大做强起来、把富余劳动力调动起来、把农副产品土特产热销起来，迈出了“强村富民”第一步。通过样本调查，探索村庄经营6年来，浙江省村集体经济收入在100万元以下的乡村占比

16.9%，村集体经济收入在100万~500万元的乡村占比55.1%，村集体经济收入在500万元以上的乡村占比28%，全省各地绝大多数的村集体都有了经营性收入和经营性资产建设投入。

纵观全省的村庄经营，从运营范围来分，有整村运营和产业运营两大类：实施农文旅融合运营的，一般都是整村运营；有规模产业或者特色业态的，适合走产业运营之路。

从运营模式来看，主要有以下几种。

1.临安的招引乡村运营师模式

充分依托原有的乡村旅游发展优势，大力发展休闲农业、民宿（农家乐）经济，开发农耕体验、乡村度假、土特产加工销售等业态，推行整村运营，把全村（或周边资源禀赋相近的行政村联合）的资源资产、产业业态、人才文化通盘运营，最大限度地激发村民从业，运营的受惠面较广，以临安、安吉和丽水等山区为代表，其中安吉的余村、临安的龙门秘境和淳安的下姜村，成为省内外知名的网红村落景区。

2.余杭的农村职业经理人模式

充分发挥较为发达的家庭农场、农业公司作用，利用集约化农业生产方式优势，通过乡镇政府和村集体干预流转土地等生产资源要素，以强村公司为载体，公开招聘有企业经营管理经验的能人担任"农村职业经理人"，实施整村企业化经营，以余杭、临平和宁波等农业产业化相对较为发达地区为代表，余杭街道是农村职业经理人模式的开创地，禹上稻乡永安村是典型代表。

3.嘉兴的飞地抱团模式

嘉兴市嘉善县自2015年探索实施以"县域统筹、跨村发展、股份经营、保底分红"为主的"飞地抱团"发展模式，将全县各村（社区）的零碎土地指标、资金等集中"腾挪"到更优质的区域，联合发展规模型、集聚型、生态型强村项目，推动村级集体经济统筹发展、均衡发展，逐步探索出从县域抱团到跨市、跨省抱团新模式。其中，姚庄镇积极探索建设小微农业产业园，助力农业转型、农民增收，成为典型。

4.政府购买运营服务模式

政府根据村集体资源资产现状、干部群众愿望等因素，选择部分村庄，政府出资招聘社会运营团队入驻村庄，全程协同强村公司等参与村庄经营，再次对外招商引资，重点落在产品打造、市场营销等维度、角度，以发展产业实现强村富民。杭州市西湖区双浦镇桑园地村由政府出资引进浙江千村运营有限公司提供整村运营服务。诸暨的同山镇和衢州的母岭村，由政府出资引入网上农博，分别成功打造了同山烧和桂花酒的产品IP，迅速提升了品牌价值和产品收益，壮大了村级集体经济。

5.村集体自主经营模式

2019年，杭州市临安区的光明村，成立了全区首个村股份经济合作社主导的“村投”公司——光明集体经济发展有限公司，为光明村股份经济合作社全额出资的独立法人单位，注册资本300万元，经营范围涉及小型简易工程、农旅休闲运营、农产品销售等，公司化改革为集体经济打开了增收新路子。村干部直接运营“村投”公司，盘活土地等集体资源。流转209户村民350亩（1亩≈667平方米）耕地和250亩山林，通过对光明农场农田区、茶园、蔬菜园分别实行集体经营、承包经营和合作经营等不同的运营模式，大力发展农文旅产业融合发展，打造“竹田大米”、网红农场，实现农村资源变资产、资金变股金、农民变股东。一年后就实现经营性收入100万元，总产值410万元，消除80%的村级债务，解决了村里的剩余劳动力，带动农民增收135.5万元。

从目前乡村运营方角度来看，主要有三大类：由新乡贤或回乡创业大学生（归国人员）独立运营的运营商、由政府统一对外招募的农村职业经理人、由中标的乡村运营咨询公司派出的运营团队等。

乡村运营模式不同、方式不同，但都为乡村振兴提级升效，推动“两山”转换、美丽村庄转化美丽经济、完善“统分结合”经营机制、吸引资本和人才回流农村、激发村民实现共同富裕热情。

（三）浙江村庄经营的发展建议

随着村庄经营的逐步深入，呈现出令人欣喜的变化。

1.组团式发展风起云涌

在乡村走向市场的过程中，开始学会懂得把握消费者需求，从吃住行游购娱的全链条出发，在更大范围整合乡村资源。

2.运营模式日趋丰富

涌现出政府主导、市场主体、村集体主导等多种不同模式。特别是村集体开始觉醒，利用浙江民营经济发达，经营能人众多的优势，正在成为运营的有生力量。

3.乡村业态日趋多样

有农事体验、休闲观光、乡村度假、乡村文体、民俗节庆等。

4.乡村价值日趋多元

目前全省各地大致形成了红色旅游村、传统产业村、古建村、历史文化村落、生态优势村落等，利用交通区位优势，加上得天独厚的生态环境资源，吸引城市消费者，打造周末、假日经济。

建议一：精准把握村庄经营的概念要义。村庄经营是对村庄社会化服务与村集体经济产业发展的专业化运作方式，因此，必须正确认识到村庄经营不是简单的招商引资、乡村旅游不是村庄经营的唯一通道、乡村运营师和农村职业经理人不是村务工作者。一方面，村庄经营要做好集体资产的运维工作，发挥各类公共服务设施设备的功能，这是一项公益性任务；另一方面，村庄经营要把自然资源和政府新农村建设成果转化成为经济效益，是一种完全的市场经营行为。

建议二：精准把握村庄经营的运营方和村集体、村民三者之间的关系。三方是利益共同体，村集体和村民是乡村资源资产的业主方，运营方是乡村资源资产使用权的受让方，一方面按照合同约定独立自主开展市场化经营，另一方面协助各级政府对乡村的公共服务设施设备运维。

建议三：精准把握各级政府在村庄经营中的权责定位。“千万工程”实施中，政府很好地履行了职能，村庄经营中，政府依然不能缺位，不能简单地把美丽村庄经营向市场一推了之。而是通过运营，吸引更多人才、科技、资金等要素流向乡村，激发乡村发展活力。

实施村庄经营、打造未来乡村，这是浙江在农业农村现代化新征程中，对“千万工程”的再深化、再出发，是乡村振兴的突破口，是打造共同富裕的内在要求。未来乡村建设以党建为统领，以人本化、生态化、数字化为导向，集成“美丽乡村＋数字乡村＋共富乡村＋人文乡村＋善治乡村”，打造引领品质生活体验、呈现未来元素、彰显江南韵味的未来乡村浙江范例。

XIANG CUN ZHEN XING

第二章　余杭区农村职业经理人制度

乡村振兴，关键在人。农村职业经理人是站在村级组织的角度和立场，依托村属企业（强村公司）开展整村运营工作，具备“懂战略、会经营、善管理、精业务、勇创新、有担当”能力和素质的职业经理人。农村职业经理人，又称“乡村 CEO”，指具备农村农业产业管理和经营服务能力，能系统谋划村民增收、集体经济壮大的乡村发展工作，专门从事村庄综合性运营的职业群体，在盘活闲置资源、理顺产业方向、激发市场意识、增加村民收入、突破引人瓶颈等方面取得了实效。

第一节 余杭区农村职业经理人制度

乡村振兴，关键在人。习近平总书记强调，激励各类人才在农村广阔天地大施所能、大展才华、大显身手，打造一支强大的乡村振兴人才队伍，在乡村形成人才、土地、资金、产业汇聚的良性循环。2018年，中共中央 国务院印发《乡村振兴战略规划（2018—2022年）》指出，“强化乡村振兴人才支撑，鼓励社会人才投身乡村建设”。同年，中共中央 国务院印发《关于实施乡村振兴战略的意见》指出“扶持培养一批农业职业经理人、经纪人、乡村工匠、文化能人、非遗传承人等”。2021年2月，中共中央办公厅、国务院办公厅印发了《关于加快推进乡村人才振兴的意见》，提出要坚持和加强党对乡村人才工作的全面领导，坚持农业农村优先发展，坚持把乡村人力资本开发放在首要位置，大力培养本土人才，引导城市人才下乡，推动专业人才服务乡村，吸引各类人才在乡村振兴中建功立业，健全乡村人才工作体制机制，强化人才振兴保障措施，培养造就一支懂农业、爱农村、爱农民的“三农”工作队伍，为全面推进乡村振兴、加快农业农村现代化提供有力人才支撑。

2021年，国家颁布《中华人民共和国乡村振兴促进法》规定“各级人民政府对培育农业科技人才、经营管理人才、法律服务人才、社会工作人才，加强乡村文化人才队伍建设，培育乡村文化骨干力量”以及“培养有文化、懂技术、善经营、会管理的高素质农民和农村实用人才、创新创业带头人”。2022年，中共中央 国务院印发《关于全面推进乡村振兴重点工作的意见》提出“加强乡村振兴人才队伍建设，培养乡村规划、设计、建设、管理专业人才和乡土人才”，并“鼓励地方出台城市人才下乡服务乡村振兴的激励政策”。“农村职业经理人”正是在党中央关于乡村人才振兴“人才导向”引领下，“体制机制”构建的指引以及“地方政策”的实施推行中逐步孕育而生的一个新型农村职业。

一、农村职业经理人

农村职业经理人，正是随着乡村振兴战略深入推进，针对乡村发展的“乡村治理、乡村建设、乡村经营”三大主题有机结合而出现的一种新型农村集体经济经营制度创新产物；与农业经理人、乡村运营商、运营师和运营官等众多提法有很多相通之处，但并不完全等同。

农村职业经理人是站在村级组织的角度和立场，依托村属企业（强村公司）开展整村运营工作，具备“懂战略、会经营、善管理、精业务、勇创新、有担当”能力和素质的职业经理人。相对而言，其他人才群体，一般都是从事于某一个产业经营或者业态运营，属于独立的市场主体，这部分人才群体，是乡村振兴的主力军，是村庄运营的主要团队力量，是农村职业经理人的优选对象。

农业经理人是农业经济合作组织中从事农业生产组织、设备作业、技术支持、产品加工和销售等管理服务的人员，立足“农业”，属于农业技术与管理兼备的复合型人才。

乡村运营商，指注册登记在运营村庄并从事乡村运营的法人经济组织。而乡村运营师，是依托乡村运营商为载体开展乡村运营，两者关系类似于村级集体组织和农村职业经理人之间的关系。

实践中要厘清这些人才资源之间的界限，既要防止混为一谈、同质化竞争，又要加强合作联动。发挥协同作战效能，实现优势互补。农村职业经理人，是基于现代企业制度下，对村级集体经济组织实行所有权和经营权分离后，接受村集体经济组织委托或聘用，承担对村集体资产保值增值、壮大村集体经济责任，在村级党组织领导下，在村属企业（强村公司）中独立行使经营权和管理权的职业经理人。

农村职业经理人制度，指对村级集体经济组织实行所有权和经营权分离，引进职业经理人，实行公司化管理、市场化运营，以村集体资产保值增值并壮大村集体经济为目标的一种新型农村集体经济经营管理制度。

农村职业经理人制度，是基于乡村治理、乡村建设和乡村经营背景的农村集体经济组织体制创新，农村集体经济组织是在经济社会发展中避免农民发生两极分化、逐步实现农民共同富裕的重要组织保障，因此，原则上是村级党组织书记担任董事长，职业经理人担任总经理，并形成运营团队。

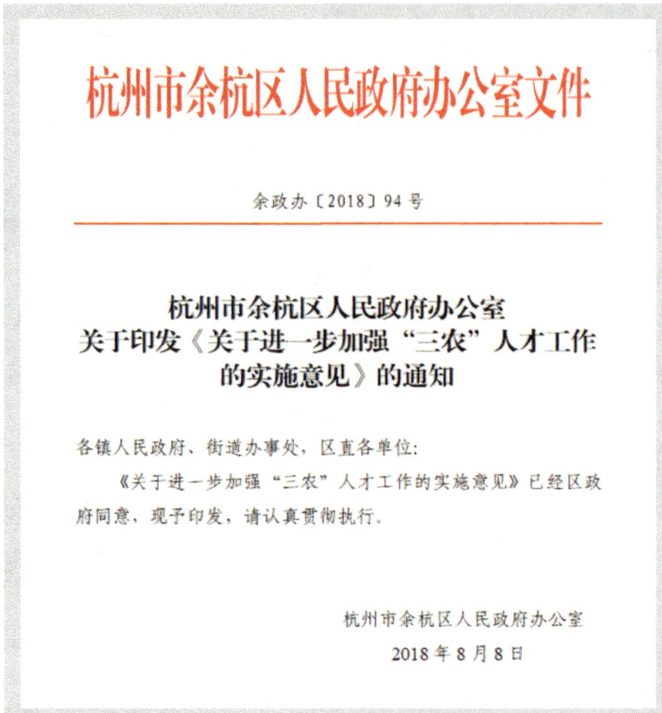

杭州市余杭区人民政府办公室文件

余政办〔2018〕94号

杭州市余杭区人民政府办公室
关于印发《关于进一步加强“三农”人才工作的实施意见》的通知

各镇人民政府、街道办事处，区直各单位：

《关于进一步加强“三农”人才工作的实施意见》已经区政府同意，现予印发，请认真贯彻执行。

杭州市余杭区人民政府办公室
2018年8月8日

《关于进一步加强“三农”人才工作的实施意见》的通知

2018年8月，为全面贯彻党的十九大精神，按照培养造就懂农业、爱农村、爱农民“三农”工作队伍的总要求，进一步加强“三农”人才培育力度，畅通各类人才下乡为农通道，鼓励社会各界投身乡村振兴事业，让愿意留在乡村、建设家乡的人留得安心，让愿意上山下乡、回报乡村的人更有信心，让各类人才在农村广阔天地大施所能、大展才华、大显身手，为打造新时代经济发达地区乡村振兴排头兵提供强有力的人才支撑，杭州市余杭区人民政府及时出台了《关于进一步加强“三农”人才工作的实施意见》。

进一步加强“三农”人才工作要坚持优先发展，树立人才资源是第一资源理念，紧紧围绕构建现代农业产业体系、生产体系、经营体系和满足农村一二三产业融合发展需求，加快补齐农业农村短板，在强化人才供给上优先保障；要坚持高端引领，强化创新驱动发展，充分发挥高层次农业科技人才和高素质农业生产经营管理人才的引领作用，示范带动农业农村现代化发展；要坚持分类激励，遵循人才成长规律，采用差异化、针对性引才留才用才措施，让各类人才创造活力竞相迸发、聪明才智充分涌流，为“三农”人才成长提供便捷通道和广阔舞台；要坚持贡献导向，打破学历职称束缚，不拘一格引育人才，注重作用发挥，严把实绩考核，把对“三农”的实际贡献作为衡量人才的重要标准。

《关于进一步加强“三农”人才工作的实施意见》提出，2018年，基本构建“三农”人才振兴的政策框架，创新引才、用才、育才体制机制，形成上下贯通、协同配合的良好工作格局。到2020年，完成“五个一”目标，即打造国内领先、具有国际水平的“三农”领军人才和创新团队10个以上，引进和培育农业科技人才100名以上，农技推广人才1000名以上，农村经营管理人才1000名以上，农村实用人才（含新型职业农民）10000名以上，建立总量稳定、结构合理、素质优良、作用突出的“三农”人才队伍和机制完善、充满活力、富有效率的人才支撑体系，为乡村振兴战略不断注入源头活水。

研究“三农”人才工作

然而，余杭区在农村专业技术人才培养工作中，认识到现有的村集体组织在履行乡村建设和乡村治理职责的同时，由于缺乏整村经营人才，造成集体资源资产闲置、转化效能低，迫切需要有具备村庄实施市场化经营能力的人才充实到村级管理队伍中。为此，余杭区农业农村局一方面认真摸排梳理了全区现有村级干部队伍现状，另一方面主动寻求浙江农林大学以乡村共富学院副院长、乡村运营研究所副所长季宗富领衔的团队支持，探索引入“农村职业经理人”制度。

农村职业经理人，又称“乡村 CEO”，指具备农村农业产业管理和经营服务能力，能系统谋划村民增收、集体经济壮大的乡村发展工作，专门从事村庄综合性运营的职业群体。浙江农林大学的季宗富研究团队，在总结杭州市临安区村落景区模式和乡村运营师制度的基础上，首次前瞻性地提出“农村职业经理人”模式，是深化浙江“千万工程”、全面推进乡村振兴的有效抓手和实现乡村共富的有效路径。

为此，余杭区决定全面引入“农村职业经理人”制度，推动全区村庄经营，有效解决村集体缺乏经营性人才的瓶颈。

农村职业经理人

小古城村地处杭州市西郊余杭区径山镇的东大门，距杭州市中心 35 千米，因境内有全国重点文物保护单位“小古城遗址”而得村名。小古城村探索农村职业经理人工作模式在国内具有先行性，作为全国基层民主党建工作模范村，小古城村最为外人熟知的是“众人的事情由众人商量”的基层民主协商机制。农村作为人际关系搭建的社会组织，管理者的威望以及尊重村民意愿是极其重要的，作为“外来管理者”——农村职业经理人是需要建立威望和获得村民的认可，在这机制基础上，农村职业经理人既能够发挥自己的管理经验和专业才能，又能融入村民集体，尊重村民意见，汇聚集体智慧。

余杭区隶属于浙江省杭州市，浙江高质量发展建设共同富裕示范区第二批试点地区之一。近年来，余杭区坚持以农业农村为基底，以乡村文化为核心，以村旅游等业态为载体，推动村庄经营发展。

基本年薪18万元，最高绩效100万元封顶。2019年6月26日，杭州市余杭区发出的一则招聘农村职业经理人的公告，在网络上被刷屏。

余杭区农业农村局根据工作需要，决定面向全国招聘农村职业经理人4名。

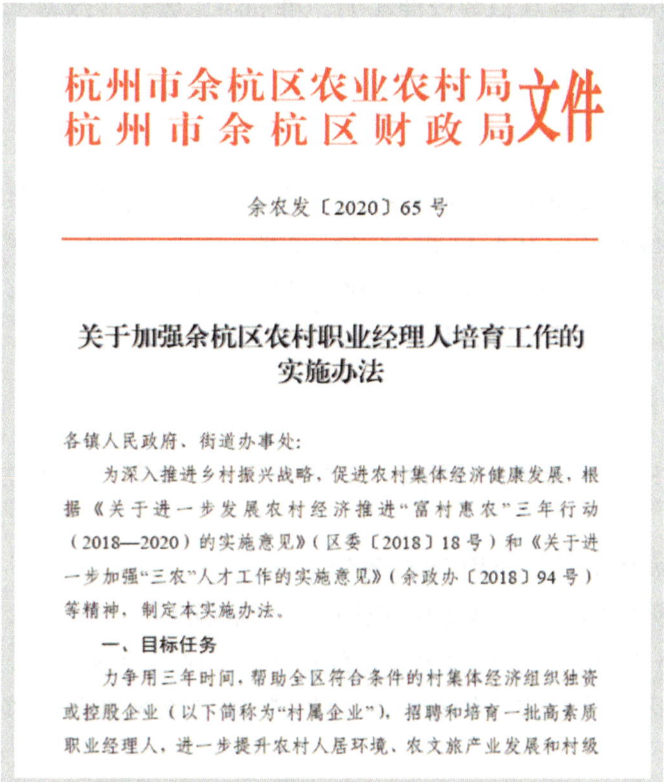

杭州市余杭区农业农村局
杭州市余杭区财政局文件

余农发〔2020〕65号

关于加强余杭区农村职业经理人培育工作的实施办法

各镇人民政府、街道办事处：

为深入推进乡村振兴战略，促进农村集体经济健康发展，根据《关于进一步发展农村经济推进"富村惠农"三年行动（2018—2020）的实施意见》（区委〔2018〕18号）和《关于进一步加强"三农"人才工作的实施意见》（余政办〔2018〕94号）等精神，制定本实施办法。

一、目标任务

力争用三年时间，帮助全区符合条件的村集体经济组织独资或控股企业（以下简称为"村属企业"），招聘和培育一批高素质职业经理人，进一步提升农村人居环境、农文旅产业发展和村级

关于加强余杭区农村职业经理人培育工作的实施办法

2020年杭州市余杭区政府根据《关于进一步发展农村经济推进"富村惠农"三年行动（2018—2020）的实施意见》和《关于进一步加强"三农"人才工作的实施意见》，制定了《关于加强余杭区农村职业经理人培育工作的实施办法》。文件明确农村职业经理人的人员条件、招聘程序，并提出村（社区）需竞争性申请招聘农村职业经理人。这份政策文件是国内首次

对农村职业经理人的聘用制度进行书面明确，这对于国内目前较为混乱的农村职业经理人场面有一定的规范示范意义，能够提高目前社会对农村职业经理人的认可度，并且对于农村职业经理人顺利开展本职工作具有强有力的支撑。

《关于加强余杭区农村职业经理人培育工作的实施办法》提出帮助全区符合条件的村集体经济组织独资或控股企业（以下简称为“村属企业”），招聘和培育一批高素质职业经理人，进一步提升农村人居环境、农文旅产业发展和村级集体资产运营管理能力，推动村集体经济发展。

二、村（社区）选择

具备乡村运营基础（包括不限于产业发展基础好或区位优势明显或自然资源丰富或历史文化名村或“红色”资源）的村（社区），可申请招聘农村职业经理人。县（市、区）级农村职业经理人主管部门可采取竞争性选择方式，按以下方式确定农村职业经理人选聘村（社区）。

（一）村（社区）提出申报

申报书应经村级集体经济组织成员（代表）大会讨论通过，并包括如下内容。

（1）发展优势，即可用于经营的资源、资产、资金情况。

（2）村级集体经济组织（村属企业）经营情况。

（3）村（社区）班子对村级集体经济组织（村属企业）权责定位情况。

（4）村级集体经济组织（村属企业）的内部监督管理和风险控制制度情况。

（5）职业经理人招聘后的经营管理计划。

（6）对职业经理人（团队）的绩效考核办法。

（7）其他有利于村属企业发展及村集体经济壮大的措施。

（二）乡镇（街道）审核推荐

由乡镇（街道）班子会议对村（社区）提出的申报书进行专题讨论，帮助解决村（社区）在人员选聘、使用中的困难，进一步完善申报书并由乡镇（街道）主要负责人签署意见后，提交县（市、区）农业农村部门。

（三）县（市、区）组织评审

由县（市、区）农业农村部门牵头，组织相关部门和专家组，对镇（街）提交的申报书进行审查，量化计分后，结合年度招聘计划，从高到低确定当年度的先行试点村（社区）。

三、农村职业经理人管理制度

鉴于农村职业经理人的主要阵地在县乡村层面，因此，对农村职业经理人的管理，可实行"县级牵头、乡镇管理、村级使用"的管理方式。由县（市、区）制定本地区的管理办法，落实县级政府的主体责任，明确农村职业经理人的权利和义务，细化农村职业经理人的选聘、考核、晋升、解聘等管理办法。

农村职业经理人队伍按照"选用一批、发展一批、聘用一批"的思路组建。可以从村级组织中选用专门人员从事本村的运营工作，也可以在现有的农创客或农业企业中选拔优秀人员加以培养发展，还可以通过面向社会公开招聘的形式产生。鼓励符合招聘条件的新乡贤、回乡人、农创客、新农人等报名，通过考核程序，成为农村职业经理人。

1.农村职业经理人的任职条件

报名应聘农村职业经理人的人员，应具备下列条件。

政治素质好，品行端正、作风正派，具有履行岗位职责的身体条件、心理素质和符合职位要求的工作能力。

有强烈的事业心和责任感，有较强的组织观念和职业素养，团队协作精神好，能吃苦耐劳，有扎根乡村的决心。

年龄在45周岁及以下，学历本科及以上，要求具有3年以上农业产业、经营管理、投融资、农文旅等工作经验，熟悉农业农村工作，特别优秀的可适当放宽条件。

符合具体岗位所要求的其他条件。

有下列情形之一的人员，不得参与公开招聘。

（1）体制内在职在岗的公职人员。

（2）被开除中国共产党党籍的。

（3）被依法列为失信联合惩戒对象的。

（4）涉嫌违纪违法正在接受有关专门机关审查调查尚未作出结论的。

（5）受到诫勉、组织处理或者党纪政务处分等影响期未满或者期满影响使用的。

（6）法律法规规定的其他情形。

2.农村职业经理人的选聘程序

农村职业经理人招聘一般经过报名、资格审查、考试考核、组织考察、录取聘用等程序；具体由县（市、区）农业农村部门根据年度安排，每年制定和发布公告，并组织实施；县（市、区）农业农村部门于每年年底将招聘、录用、使用和考核情况报上级农业农村部门备案。

3.农村职业经理人的考核评价

一是加强农村职业经理人的日常管理，开展试用考核、年度考核和任期考核。

二是完善考核内容和考核维度，县（市、区）农业农村部门要结合实际，制定《农村职业经理人考核评价办法》，鼓励引入专业性中介机构开展第三方评价，健全农村职业经理人转岗流动、解聘退出机制。

三是县（市、区）农业农村部门要出台《农村职业经理人薪酬与绩效管理办法》，进一步明确薪酬、绩效考核等事宜。

四是省市级层面可以建立顶层设计架构，加强领导，更大效能地发挥农村职业经理人制度在乡村振兴中的作用。农业农村和人社等相关部门应研究制定《农村职业经理人职级评定办法》，用于畅通农村职业经理人的晋升通道，鼓励探索农村职业经理人的人事制度改革，解决农村职业经理人的发展“瓶颈”。

4.农村职业经理人的权利

农村职业经理人实行聘用制管理，聘期一般为2年，期满后表现优秀，可由所在村（社区）提出续聘，经乡镇（街道）同意后报县（市、区）

农业农村部门综合考评，满足条件的可续聘。

农村职业经理人的薪酬由基本工资和绩效工资组成，基本工资（含五险一金、福利费、工会费等），可按“不低于所在村党组织书记年薪、最高不超过3倍的标准”确定基本年薪，由县（市、区）统筹解决；绩效工资由所在村（社区）根据事先制定的考核办法于年底考核发放。

因发展需要，可由农村职业经理人领衔组建村（社区）运营团队，聘用期间，团队成员人事档案纳入乡镇（街道）管理，组织、工会等关系均迁入所在村（社区）；有子女在当地就学需求的，由乡镇（街道）负责协调解决。

农村职业经理人应列席相关村（社区）班子会议。

5.农村职业经理人的义务

农村职业经理人要发挥自身优势，对村集体资源、资产进行市场化经营，使其保值增值，增加村集体经济收入，促进村民增收。

农村职业经理人要积极推动科研、技术、成果、项目、人才等在任职当地农村地区落地。

农村职业经理人不得超越村民（股东）代表大会委托的范围和职责权限开展活动，不得对受委托经营的资源、资产所有权进行处置，不得开展违法违规经营活动。

如有以下情况之一的，经乡镇（街道）审核后，报县（市、区）农业农村部门予以解聘。

（1）农村职业经理人申请辞职并经村（社区）同意，或自动离职的。

（2）农村职业经理人存在违规违纪或其他不良行为记录的。

（3）村（社区）以人岗不相适等原因提出辞退农村职业经理人申请，且经所在乡镇（街道）同意的。

（4）其他不适合担任农村职业经理人的情形。

6.农村职业经理人的监督管理

农村职业经理人，在村党组织的领导下开展经营工作，原则上由村级党组织书记担任董事长和法人，职业经理人担任总经理。农村职业经理人是中共党员的，其党组织关系由村委会党组织进行管理，其团队的其他人员的党组织关系应当及时转入村委会党组织进行管理。农村职业经理人的人事档案原则上应委托人才服务机构管理。

要建立和完善运营监督机制。厘清村委会与农村职业经理人的职责界限，既不能等同于村务工作者，但也要与村级组织相互融合。村级组织要定期听取农村职业经理人考核指标完成情况的汇报，对未按时间进度完成阶段目标或经营管理中存在突出问题的，督促其采取应对措施。农村职业经理人聘任期满的，依据相关规定开展经济责任审计。

要建立村集体经济风险防控机制。农村职业经理人只拥有村集体资源、资产和资金的使用权，重大项目投入和大额资金使用审批，不仅要接受公司决策机制约束，还要接受村党组织和村级集体组织议事制度的监督，以“防火墙”的物理隔离确保村集体经济组织不会发生资产流失、经营亏损导致破产。

引导农村职业经理人强化阵地意识，履行好村集体企业应承担的政治责任和社会责任，建立坚持正确导向、履行社会责任评价机制。

农村职业经理人违反规定，未履行或未正确履行职责，在经营投资中造成集体资产损失或其他严重不良后果的，严肃追究责任。

农村职业经理人

关于报送农村职业经理人招聘需求的通知

各镇人民政府、街道办事处：

根据《关于加强余杭区农村职业经理人培育工作的实施办法》精神，2020年我区拟面向全国招聘农村职业经理人，请各乡镇（街道）根据《实施办法》要求做好辖区内村（社区）的农村职业经理人招聘需求排摸工作，并于7月17日前将《农村职业经理人申报书》（附件1）和《股份经济合作社股东（代表）大会重大事项表决决议书》（附件2）报至区农业农村局科技教育科，由区农业农村局通过组织评审择优确定本年度招聘的村（社区）。

联系人：王＊＊ 联系电话：136********

杭州市余杭区农业农村局

2020年6月24日

附件1

农村职业经理人招聘

申

报

书

申报单位：________镇（街道）________村（社区）

村属企业：________________________________

填报日期：________________________________

杭州市余杭区农业农村局制

2020年6月

申报单位基本信息

单位名称			
单位负责人		联系电话	
村属企业名称			
企业地址			
企业负责人		联系电话	
招聘岗位			
招聘岗位工作职责（按重要程度由强到弱填写）	1. 2. 3. 4. 5.		
岗位要求	1. 性别要求：□男 □女 □不限 2. 年龄要求： 3. 学历要求：□本科及以上 □硕士及以上 □博士 4. 专业要求： 5. 技能要求： 6. 职称要求： 7. 相关工作经验要求： 8. 其他要求		
薪资组成	基本工资：18万元 绩效奖励：		
申报单位发展优势（即可用于经营的资源、资产和资金等情况）			

村属企业及经营情况（企业何时成立、法定代表人、股份持有情况、经营范围、日常运营事务及营收情况等）	
村班子对村属企业权责定位情况	
围绕职业经理人招聘后的经营团队组建计划（因工作需要，计划组建团队的人员、职责等）	
对职业经理人和村属企业团队的绩效考核办法	

其他有利于村属企业发展及村集体经济壮大的措施	
申报村（社区）意见	主要负责人签字： （公章） 年 月 日
所在镇（街道）意见	主要负责人签字： （公章） 年 月 日
区农业农村局意见	主要负责人签字： （公章） 年 月 日
区财政局意见	主要负责人签字： （公章） 年 月 日
备 注	

附件2

______镇（街道）______村（社区）股份经济合作社股东（代表）大会重大事项表决决议书（供参考）

会议内容：

会议时间： 会议地点：

会议参加人员：

镇街： 村（社区）：

主持人： 记录人：

会议纪要：

宣读本村《招聘农村职业经理人申报书》（附件2）并表决通过。

本次会议应到成员（代表）______人，实到______人，通过举手表决，赞成本次会议内容的成员代表______人，占应到成员（代表）总数______%，根据有关政策法规的规定，本次决议______（有效/无效）。

弃权代表签名（手印）（共____人）

不同意代表签名（手印）（共____人）
同意代表签名（手印）（共____人）

（该决议书原件由村妥善归档并扫描保存）

镇（街道）人员签字：

村（社区）人员签字：

主持人审核签字：　　　　　　　　记录人签字：

农村职业经理人招聘工作笔试及批卷方案

一、时间地点

1.时间：2021年10月23日上午9:30—11:30，考试时间2小时。

2.地点：中共杭州市余杭区委党校（地址：杭州市临平区沿山路9号）党校1号楼1116报告厅（第一考场，86人）、1119教室（第二考场，65人），1208会议室（考务室）。

二、考场安排

参加考试人数151人（普宁村37人，枫岭村5人，南山村14人，清波村4人，溪口村12人，闲林村35人，港南村24人，四岭村9人，太公堂村11人，实际人数以23日上午统计为准）。

第一考场（1116报告厅，110人）：南山村14人，闲林村35人，港南村24人，普宁村37人；

第二考场（1119教室，41人）：清波村4人，四岭村9人，枫岭村5人，溪口村12人，太公堂村11人。

三、监考人员组成

第一考场安排5名监考人员，其中区委党校老师4名，区农业农村局志愿者1名；第二考场安排3名监考人员，其中区委党校老师2名，区农业农村局志愿者1名。

考场号（教室号）	区委党校老师	局志愿者
第一考场（1116报告厅）	名单由区委党校提供，4名	顾**
第二考场（1119教室）	名单由区委党校提供，2名	金*

四、阅卷人员组成

分9个小组开展阅卷，每小组由3名阅卷人组成，分别为区级部门1人，镇（街道）、招聘村（社区）代表各1人（完成笔试封卷后到区委党校1208阅卷室进行阅卷）。

招聘村	区级部门	镇(街道)	村(社区)
南山村	钟**	陈*	杨**
闲林村	王**	胡**	张**
港南村	戴*	张**	康**
四岭村	章*	章**	章**
普宁村	张**	张**	嵇*
溪口村	徐**	楼**	毛**
太公堂村	朱*	楼**	朱**
枫岭村	施**	柏**	邵**
清波村	任**	梁*	徐**

注：区级部门统一调配批阅试卷，镇（街道）、村（社区）负责批阅所辖村试卷。

五、其他有关事项

1.学校入口张贴各招聘村考场布置情况表。

2.物资配备：矿泉水、口罩、应急药品、防护服等；考卷、答卷纸、考场规则等考试资料。

3.服务安排：由区委党校保安、志愿者等指引考生至所在考场。监考人员到岗时间为上午8:00到1101会议室（考官集中室）进行考前规则指导。

（1）考前准备：监考人员做好考场环境、物资、桌面准考证、位置号码等检查核对，确保无误、无缺、无损。开考前对部分未到考场考生进行电话提醒。

（2）核对信息：8:30后允许考生入考场。进场考生签到、收存手机和随身物品。

（3）考试监考：监考人员做好考场监考。

（4）考试结束：监考人员检查试卷姓名等信息是否填写、做好试卷收交等工作，最后归还手机和随身物品。

4.成绩告知：10月23日下午完成笔试成绩统计，当晚电话告知参加面试人员成绩及排名等有关事宜。

农村职业经理人招聘工作面试方案

一、面试时间、地点

时间：2021年10月24日（星期日）上午9:00开始。

地点：中共杭州市余杭区委党校（地址：杭州市临平区沿山路9号）1号楼3楼1308（候考室），1303、1301（面试室），1302（候分室）。

二、面试分组情况

面试官：面试设A、B两个组。每个面试组由7名面试官组成，设主考1名，评委6名，共14人。

监督员：每个考场设监督员1名，共2人。

计分员：每个考场设计分员1名，共2人。

核分员：每个考场设核分员1名，共2人。

A组面试的村依次为南山村、四岭村、溪口村、枫岭村、闲林村。B组面试的村依次为港南村、普宁村、清波村、太公堂村。

三、面试官组成（根据实际情况调整）

分A、B两组，由抽签决定组别。

A组：《浙江日报》社1人（组长）、区农业农村局1人、区人力社保局1人、区委组织部人才综合科1人、区委党校1人、招聘村（社区）所在镇（街道）负责人1人、招聘村（社区）主要负责人1人。

B组：浙江大学新农村发展研究院或浙江农林大学乡村振兴研究院1人（组长）、区农业农村局1人、区纪委1人、区财政1人、区文化和广电旅游体育局1人、招聘村（社区）所在镇（街道）负责人1人、招聘村（社区）主要负责人1人。

四、场地及人员安排

（一）考场

设2个考场。

考场号	教室号	监督员	计分员	核分员	备注
A	1301	吴**	金*	李**	
B	1303	张**	顾**	楼*	

考场桌子按要求排列，每个考场摆放桌签：主考1块，评委6块，监督席1块，计分员1块，核分员1块。

（二）候考室

设1个候考室。候考室工作人员和引导员负责协调考生到场就座，落实考生抽签，带领考生至面试考场、带到候分室，考生进入候考室后负责收缴手机和随身物品。开考后须确保候考室中有工作人员在场，如遇考生合理离开报到室的需求，须由工作人员陪同。

候考室	引导员	室内监督人员
1308	高**、汪*	王**

（三）候分室

设1个，由各试场计分员或核分员将考生面试成绩带出给相应引导员，由引导员将成绩给候分室工作人员。目送考生带好物品、离开教室，考试区域不得开手机。

候分室	工作人员
1302	钟**、顾**

五、面试成员职责

1.主考职责。召集本组评委；担当主要提问人，必要时对应试者提问；对应试者面试情况进行评分。

2.评委职责。对应试者面试情况进行评分。

3.监督员职责。按照公平、公正的原则进行即时监督；领取面试试题，到考场后交主考当场拆封；做好应试者面试成绩的登录、计算、核对工作；掌握面试时间，剩余1分钟时提醒一次。

4.计分、核分员职责。计分员、核分员负责本考场评委的签到、联络协调和服务工作；由计分员将考生抽前后的面试次序录入电脑，计算应试者的平均分，发放、回收面试评分表和面试评分记录表；由核分员按序通知应试者进入考场，核验面试评分表和面试评分记录表，填写《面试登分表》并经主考官、监督员确认、签名后，送候分室。

六、其他有关事项

1.物资配备：签到单、抽签号、计分表、评分规则、面试成绩通知书、考题（封装）、笔（30支）、空白A4纸等资料；矿泉水、2台电脑和打印机。工作证（主评委证2个、评委证12个、监督员证2个、核分员证2个、计分员证2个、工作证40个）、彩色的“疫情防控行程卡”2张。

2.服务安排：由工作人员指引考生至所在考场（考场须知）。志愿者到岗时间7:50前。

3.根据情况设疫情防控特殊试场1个。

七、面试日主要流程

1.面试官要求在8:30前到，考生报到时间为8:30前，8:00计分员、核分员进入考场，在评委桌上放好有关考务资料，安装好电脑。

2.候考室工作人员分别在每个候考室查验考生身份证，向考生宣布面试注意事项；考生关闭手机等通信设备，集中统一保管，面试完毕后交考生。考生在候考室封闭管理。

3.考生抽签。8:30开始抽签，考生在抽签开始后再入场的，按剩余序号抽签。（王**负责）

4.进入考场。8:30分前，评委、监督员进入考场。手机集中由监督员保管。由主考官验证试卷密封等情况，无误后当众启封面试题本，面试考官熟悉面试内容，适度酝酿。9:00开始面试。

5.面试。9:00开始面试。按照抽签顺序，每个考场的核分员到候考室引领考生进入面试室参加面试。主考官按照面试题本提问，考生在规定时间内解答。考官依据考生在面试中的全部行为表现和各项面试要素的评分标准现场独立评分。

每名考生面试完毕，由核分员带出考场，由引导员带入候分室等候面试成绩。计分员现场收取考官评分表。（前三名考生回答完毕后平衡打分）

开始下一位考生面试。同时，计分员按照计分办法当场计算考生面试成绩（面试成绩按先去掉一个最高分和一个最低分，取其余有效考官评分的平均分，计算时小数点后保留2位）；核分员复核面试成绩，经复核无误后，将面试成绩表交主考官签字确认。

一个岗位面试完毕，由主考官委托计（核）分员到候分室公布。工作人员指导考生离开。

农村职业经理人招聘面试

职业经理人，这个以往只在企业里出现的岗位，如今出现在农村。这些“乡村 CEO”能干好吗？这是很多人的困惑，而这帮“外乡人”最终用成绩作了回答。

农村职业经理人

唐文铭，余杭区径山镇小古城村的农村职业经理人

2019年，余杭区首次启动农村职业经理人招聘，唐文铭是当年被招进来的人之一。在那之前，唐文铭在旅游行业工作过十多年，具有较好的运营策划和组织管理能力。与同一批入职的“乡村 CEO”相比，其优势很明显——听得懂方言。

然而，刚到小古城村时，唐文铭还是傻了眼。村里给了他一个听上去光鲜的头衔——小古城旅游发展有限公司总经理，可公司包括他在内只有两个人。至于这个公司的主营业务、收入来源是什么，还需他们去“探索”。

拿着高收入，不作出一番成绩，怎么面对村里人？唐文铭知道自己没有退路。

他硬着头皮，当客服、做方案、写文案、做设计，后来他招进来一些人，有的负责项目，有的负责策划，总算拉起一支队伍。

“通过观察，我发现很多人旅游的目的不再是限于观光，而更注重休闲体验。”唐文铭从人们生活方式的变化和消费升级中寻到机会。“虽然小古城村景色不突出，却是去往径山的必经之处，若能打造出吸引人的乡村休闲产品，村里产业就能逐步发展。”

带着这个想法，进村不久，唐文铭就推出了首个产品——“彩虹滑道”。由村里自主投资，林林总总加起来，花了约200万元。经过测算，年营业收入可达80万元，一半的利润，大概五年可收回投资。但其更大的价值在于，旅游吸引物。

后来，他带着团队建设了苕溪营地、古精灵乐园和村游客服务中心。其中，苕溪营地是他的得意之作。他的老家距离小古城村不远，小时候常到苕溪边玩耍。2020年4月，这片荒野被简单改造，并于当年8月投入运营。能挣到钱吗？起初，唐文铭不太确定。年底一算账，

彩虹滑道

露营场地

有利润，这让他吃下一颗定心丸。

据介绍，“茗溪营地”按游客自主意愿收取露营场地费、烧烤工具费、食材费和停车费。通过这两个项目加持，进村人流变多，唐文铭又瞄上了村里半荒的竹林和村民现成的茶园，开发“小小笋农”和“一日茶农”产品。

现在，旅游产品多了，唐文铭招聘了不少村民作为非固定员工。他给村民列了三个要求：第一是“你要愿意干”；第二是年龄符合；第三是身体能够承受。他请有意向的村民体验所有工种再决定是否加入。这样民主的方式，让村民对唐文铭越来越信任。

如今，村里闲置劳动力转化为生产力，以体验式乡村旅游产品为支点，小古城村乡村旅游业态愈加丰富，农文旅产业慢慢被撬动，“朋友圈”也越来越大。如余杭区、临平区亲子机构将加入“一日茶农”“小小笋农”活动中来。尽管受到青睐，但唐文铭对现状并不完全满意，他觉得“村民参与度还要再提升，服务标准还要再提高”。

“以后，游客能听到小古城村民讲述如何采茶、制茶、挖笋，了解农作物生长、食物制作，体验乡村生活全过程。”唐文铭想打造一个“共享式乡村”，不仅要带给游客独特性的农事体验活动，还要把乡村文化、生态理念、生活方式传递给更多人。

姜伟杰，余杭区径山镇径山村的农村职业经理人

2019年，径山村成立了杭州径山禅村旅游开发有限公司，不论是旅游还是民食民宿、特色商品、农产品等，都统一用禅村品牌，并由公司统筹运营。但随之又面临新问题：没有专业人才进行运营。

2020年，计算机专业毕业，机缘巧合投身旅游行业的“85后”山东威海小伙姜伟杰以农村职业经理人的身份加入了径山村。

对于村党支部与农村职业经理人的分工，径山镇径山村党总支书记、村委会主任俞荣华表示，“一个主内，一个主外。”其中，姜伟杰是杭州径山禅村旅游开发有限公司的运营总监，主要负责旅游线路打造、品牌开发推广。而俞荣华因为对村里的情况比较熟悉，主要负责村里旅游资源的整合。“他们经验丰富，可以帮村里尽可能地缩短试错时间。本来撞到南墙才会回头，但现在他们会帮你规避这些问题。”

入职后，姜伟杰确实为径山村带来了新气象。他做的第一件事情就是“造节”：结合径山村实际情况，举办各类活动，集聚人气。

2020年国庆节期间，径山村首届“喫茶节”面世。借着这个文旅融合的节庆方式，等你来“摊玩老街”、禅村新十景“六艺休行记”、非遗手艺体验、星空露营、纳凉晚会等活动轮番上演，让游客对径山脚下的径山村有了全新感受。

“造”节带来的直接改变是，短短三个月，径山村客流超20万人次，村集体经济增长50万余元，带动村民增收超过150万元。

姜伟杰不止从“办活动、引招商”层面丰富和发展径山村的业态，他还通过打造“径灵子”文化IP，聚焦径山村农文旅产业的融合发展。

在第十六届中国国际动漫节上，“径灵子”正式发布的镜头被央视新闻联播所记录。在第十四届（2020）杭州文化创意产业博览会上，“径灵子”代表径山禅茶文化现场做了互动展示。

“径灵子”以日本僧人一休为原型、取茶圣陆羽号“竟陵子”的谐音而得名。俞荣华说，每年会有很多游客来径山寺，对径山村而言，他们只是“走马观花”的过客，我们要让他们“下马看花”成为游客，甚至主动“养马种花”变为住客。

“径灵子”LOGO

契机很快就来了。在美丽乡村环境改造完成之后，径山村的村容村貌发生了翻天覆地的变化，旅游公司、文创公司、党政考察团纷沓而来。在人来人往的交流中，径山村找到了包装推广“径灵子”的思路。

“我们要把‘径灵子’植入禅茶第一村的所有旅游内容中去，让游客看到‘径灵子’就想到禅村，来到禅村就能看到‘径灵子’。”俞荣华说。

如今，径山村已经建成“径灵子乐园”，让来径山村的亲子家庭有更丰富的旅游内容；在民宿经营中，径山村正在实施“径灵子民宿联盟”，民宿内的空间元素包括靠垫、毛巾等软装都将与“径灵子”融为一体。

“我们还将和浙茶集团共同开发‘径灵子’主题茶饮，在旅游产品设计上，我们打算推出‘径灵子’家族，对标日本熊本县的吉祥物熊本熊、安吉 Hello Kitty乐园的凯蒂猫家族。”俞荣华说。

径山茶是径山的金字招牌，俞荣华一心想做最地道的径山茶。

在他看来，径山茶虽然有名，但是没有拿得出手的知名农企。他的目标，是要做一条关于径山茶的产业链，打造一个径山茶产业园。

在他的构想中，要根据径山茶的12道制作工艺，在村里打造12工坊，让当地的非遗传承人、能工巧匠都能参与其中。如今，这个产业园已经投入建设，未来，它将成为当地种茶、制茶、品茶的全产业链中心，向游客展示径山茶的前世今生。

在游览之外，俞荣华还将目光瞄准文化体验，通过举办径山茶宴、茶祖祭典、宋代点茶等独具魅力的禅茶体验活动，吸引千里之外的游客来到径山村，访古对饮，感悟传统文化。

游客集聚，又带火了径山村周边农家乐与民宿蓬勃发展，每间价格1000多元的房间仍是“一房难求”。原本没有游客的径山村，已然成为一个集民食民宿、文化体验和茶产业深加工为一体的AAA全域景区村庄。

村里的一切都往好的方向发展，但俞荣华坦言，农村职业经理人在村里的一些做法，并不能复制，每个村都有它们的特点和优势，甚至每个村农村职业经理人的定位都不一样。

唐梅红，余杭区中泰街道枫岭村农村职业经理人

2021年12月10日入职中泰街道枫岭村农村职业经理人，担任杭州枫岭茶谷乡村发展有限公司总经理、余杭区农村职业经理人协会秘书长。80后，杭州临安人，曾有22年的文旅工作经验。

枫岭村位于余杭区中泰街道西南部，面积4.62平方千米，全村501户、总人口1661人，距离杭州主城区30千米、未来科技城仅需20分钟，紧靠城西科创大走廊，周边有之江实验室、阿里达摩院等科研重器，是一个离城市很近、离自然更近的秀美乡村。境内主要有近4000亩茶园，以及良田、水库、山林，风景秀丽、文化氛围浓郁，是远近闻名的浙江省书法村。但是，村庄的空间资源有限，南北为山，中间为狭长盆地，村集体存量资产和闲置资源不多，村集体经济底子较薄，除了几家茶叶加工企业，基本没有农家乐、民宿等文旅产业和三产业态。

唐梅红入职运营后，因地制宜以开发“茶家乐”为突破口，发动村民试点开设“茶家乐”，制定了《枫岭村茶家乐指导手册》，明确了“茶家乐”的准入机制、收费标准、等级评定和一次性建设补贴、统一运营管理模式及年底奖励退出机制。上门辅导每户“茶家乐”在原有的“采茶、炒茶、茶艺冲泡、茶宴美食品尝”茶事体验

枫岭村一角

“四部曲”的基础上，再挖掘个性化体验项目，如“亲子体验”“汉服体验”“书法体验”“美食体验”“商务接待”“网红打卡”“果蔬采摘”等，打造一户一品的“茶＋N体验”模式的特色茶家乐多维模式，形成了“茶文化＋文旅体验＋农家乐”的特色品牌。

运营公司先后实施了9个农文旅建设项目：游客服务中心提升改造工程、乌龟山景观茶园工程、乌龟山茶园游步道基础工程、茶野天径提升改造工程、工坊群改造工程（茶香豆腐坊、茶香笋坊、小茶驿站）、农文旅基础设施配套工程、茶产业设施配套用房工程、匠人茶坊装修工程、智慧旅游项目工程。

短短两年时间，从无到新开设“茶家乐”12家、筹备28家，通过招引新乡贤回乡，已有2家乡贤茶民宿即将完工营业。运营中注重乡村品牌建设，确立了“未来茶乡·枫岭茶谷”品牌，在主景观带和网红打卡结点上设计并设立了“小道童”IP形象和“枫岭茶谷”品牌LOGO的标识标牌，开设了“枫岭茶谷”微信公众号、“枫岭茶谷”视频号、“枫岭茶谷－唐谷主”视频号、“唐姐在农村”抖音号、“枫岭茶谷”微博号。

运营公司还先后举办了龙虾垂钓、“五一茶家乐体验”、父亲节亲子插秧、茶三角厨娘交流活动、浑水摸鱼活动、“风铃的语言”、国庆解语、遇见秋趣、画里寻秋、“秋收节”、帮“稻”忙和“圣诞物语”等节庆活动。设计开发了“枫岭茶谷”品牌的农土特产品系列和文创产品系列，推出了“茶谷枫味”和“茶谷好物”伴手礼。一步一个脚印地把枫岭村打造成为以经济农业、休闲农业和乡村旅游为产业发展的诗意茶乡。

2022年枫岭村集体经济收入160余万元，其中村企公司营收23.4万元，增加就业50余人，2023年上半年度村企公司营收超70余万元。枫岭村先后荣获浙江省文明村、浙江省书法村、浙江省民主法治村、全国茶乡精品旅游路线、浙江省AAA景区村庄、浙江省美丽乡村特色精品村、浙江省低（零）碳村、浙江省旅游业“微改造、精提升”示范村、余杭区农文旅融合示范村、余杭区清廉村居、余杭区中小学生研学旅行基地等。

第二节　余杭区农村职业经理人制度的主要成效

自2019年起，杭州市余杭区探索农村职业经理人制度，制定了《关于加强余杭区农村职业经理人培育工作的实施办法》等制度，截至2022年底，前后招录培养了四批共计22位农村职业经理人，在盘活闲置资源、理顺产业方向、激发市场意识、增加村民收入、突破引人瓶颈等方面取得了实效。

一、盘活闲置资源

盘活农村闲置资源是农村职业经理人主要职责之一。一是盘活了闲置土地，如盘活闲置耕地、闲置建设用地，较为显著的如青山村盘活闲置用地，建设了青山自然学校和“融设计”图书馆等；永安村在田埂上建起了富有现代风格的参观廊道等。二是盘活了闲置住房，如闲置公房、闲置住宅等，较为成功的如小古城村打造了彩虹滑道，建设了苕溪营地、古精灵乐园和村游客服务中心，打造出各类可供游客停留、体验和玩乐的项目；枫岭村盘活闲置用房，打造了茶香豆腐坊、笋干工坊和小茶驿站以及打造了书法体验中心和游客服务中心等。三是盘活了闲置集体资产，如荒山、荒地（林）、水库、溪流、滩涂及洞穴等，较为突出的如永安村通过盘活闲置资源新增产业空间2.84万平方米，用于水稻全产业链提档升级做配套等。

二、明确产业方向

理顺乡村产业方向是农村职业经理人助力乡村振兴的核心要义。一是理顺了以数字乡村、科技兴农为引领的现代农业，如智慧农业、特色种植养殖等，较有代表性的如永安村创建智慧大脑、数字认养、智慧游览等板块，对“稻香小镇”进行数字化全产业链发展。二是理顺了以文旅产业为引领的休闲旅游业，如农家乐、民宿、游乐园、景观等，径山村农村职业经理人以沉浸式径山茶文化体验活动为抓手，带动径山民宿等特色项目孵化，三月内提升村集体收入50万元，以本地优势激发了内源动力。三是理顺了以健康产业为引领的乡村双创空间，如径山村结合村情实际，举办“禅茶”系列活动，带动客流以及村集体经济增长；彭公村锁定“体育＋康养”两大方向，盘活彭公村自然与文化资源，推进乡村转型升级等。

三、激发市场意识

市场化是职业经理人最大的职业属性，激发市场意识是农村职业经理人充分调动农村农民生产积极性的必由之路。一是加强市场合作、乡贤返乡和产学研机制。如永安村引入“建行裕农通杯”组织“浙江省大学生乡村振兴创意大赛”，共有70多所高校参与大赛；如青山村与各高校、职业院校开展合作，加大农产品研发、生态多样性恢复、环境监测等校村合作项目。二是推进“品牌乡村”和“数字乡村”融合发展。农产品销售是农村职业经理人要面对的产业市场化，积极打响农村品牌，全力推动数字乡村建设的主要手段之一。品牌乡村建设，如永安村“稻香小镇”，以电商直播和乡村IP等融合传播的方式，将“永安大米”销售到全国各地，打响了乡村农产品品牌影响力。三是活跃市场经营主体。农村合作社广泛建立强村公司、社属公司，使村办企业获得了长足发展，如永安村的稻香小镇农业科技有限公司、小古城村的小古城旅游发展有限公司、彭公村的坝下旅游开发有限公司和青山村的绿水未来乡村发展有限公司等，具备成熟的市场化经营能力。

四、增加村民收入

增加村集体和村民收入是农村职业经理人的使命初心，也是所有工作的落脚点，更是工作的难点重点问题。一是做强农业品牌，增加村民收入。如永安村做强“永安大米”品牌，2021年的营业收入2250万元，与

2019年比增加930万元，村集体经营性收入315万元，较2019年增加242万元，村民人均年收入5.7万元，2019年增加1.5万元，核心区块水稻每亩产值由2000元提高到6000元。二是搭建创业平台，增加村民收入。如小古城村举办“一日茶农”，吸收2000多户家庭参加，茶农创收2万多元；枫岭村组织村民开办“茶家乐”等项目，自2022年5月开办以来，前三个月就增加营收28.7万元，截至2023年6月底已累计营收达170多万元；三是盘活有益资源，增加村民收入。闲林村盘活村集体存款资源，每年可提升村集体150多万元的利息收益。普宁村村内四合院占地1000平方米，原为村内废旧工厂，引进国学馆业态，并以租金加共同运营的方式共同发展，国学馆投资200余万元，用以发展产业经济，带动村内就业10余人，经过运营现已成为普宁招牌景点之一。

五、突破引人瓶颈

一是用活宏观政策，创新乡村振兴人才应用体系。2019年，余杭区招聘“乡村CEO”，开启全国农村职业经理人试点，搭建区域性交流平台，打造区域性乡村人才应用体系。二是明确职能职权，提供乡村人才展现才华的舞台。余杭区做好村委与农村职业经理人“到位不越位、参与不干预”，整合资源发展经济。如小古城村聘请职业经理人后推出彩虹滑道、草地球等特色活动，使春节假期日游客量达4000人以上。三是落实福利政策，为人才提供保障、消除后顾之忧。余杭区农村职业经理人年薪从2019年的15万元增至2021年招聘时18万元起（不包括由各村股份经济合作社自行制定的绩效奖励），以机制创新盘活人才资源。

第三节　农村职业经理人制度面临的问题

农村职业经理人的加入，为推动农村集体经济健康发展、助力实现乡村振兴和共同富裕提供了人才支撑。但农村职业经理人制度探索的时间还不长，还是一个新型的农村职业，难免会碰到一些问题和挑战。

一、农村职业经理人的成长困境

1.人才建设困境

（1）选拔还需接地气。农村职业经理人是为村而选，“人村匹配”至关重要，否则竹篮打水一场空。目前，在人才选拔上依然采用传统的考试机制，即由选择、简答、论述和案例等题型构成的理论性笔试与以职业规划构成的问答式面试组成的传统考试机制，仅仅起到文字功底、时政涉猎及临场应变等能力的鉴别作用，对科技创新、资源拓展、项目引进，以及至关重要的心理韧性等农村职业经理人实务能力和基本素质，无法起到有效鉴别胜任与否的作用。因此，选拔方式停留在理论考试上，尚不科学合理，不利于人才精准引进。

（2）招引面仍需拓宽。未来乡村建设是农村职业经理人发展的大方向，体现“人本化、生态化和数字化”的建设方向，着力构建数字生活体验，呈现未来元素，如人工智能、大数据、区块链等。然而，目前农村职业经理人队伍中曾以旅游业为背景的比例占大部分，文旅人才成为了人才招引的主流群体。然而，生态业、农业和数字产业的人才占比不高，理工类专业的更少。因此，从专业背景的招引面看，科技型的创新人才不多，不利于未来乡村建设下新兴业态的形成。

（3）竞争力有待凸显。职业经理人是具有企业管理和经营能力，谙熟企业制度、判断市场趋势、解读政策实施、整合利用资源的创业能人。创业是其核心竞争力。然而，目前农村职业经理人队伍中拥有创业经历的不多，有成功创业案例的凤毛麟角，有过企业管理经验的也不是太多，有相当一部分职业经理人在盘活资源方面表现力不足，如在外部资源对接、内外部资源整合等方面尤为欠缺。因此，从创业竞争力看，资源开拓型的创业能人仍然匮乏，创业能力有待培育加强，否则不利于集体经济向现代企业制度转型。

2.能力建设困境

（1）路径依赖仍较深。产业发展，谋字当先。产业规划是农村职业经理人开展乡村经营的定盘星。然而，目前农村职业经理人对强村产业的发展规划供给力普遍较低，产业规划路径缺乏上下、内外的兼容性，缺乏与市、区、乡镇（街道）产业发展规划的对接，缺乏从顶层设计到分步落实的各级政策嵌入和系统操作，缺乏从打造“产业基地”“产业枢纽”“产业平台”的战略性和前瞻性布局，更缺乏从国际、国家和省市等更为宏大的战略视角着眼谋定产业规划。因此，产业锚定不给力，为产业发展后劲带来了诸多困扰。

（2）同质化倾向加剧。一村一品，“挖”字为要。一村一品是农村职业经理人主攻方向。然而，目前农村职业经理人打造“一村一品”，均以“农文旅”融合为主。所谓的“一村一品”仅体现于视觉上的“农”和造景上的“旅”，并未从产业内涵、元素及路径等方面塑造“一村一品”。对“品”的内涵理解不够精准，造成“村村农文旅”，产业模式固化；“村村一日游”，产业拓展路径单一；“村村电商”，产业元素单薄。“农文旅”虽有优势，但不应村村盲从。因此，走出适宜本村产业品质之路者的还不多。

（3）公司运营面临挑战。产业欲强，当公司先强。强村公司是农村职业经理人撬动产业发展、带动村民致富、体现集体经济市场化运营的经营载体。然而，强村公司建设情况并不理想。目前，多数聘用村的集体经济市场化程度不高，未公司化运营；有些“聘用村”虽组建了强村公司，但人手少、资金短、制度缺、市场经营能力弱，甚至仅靠经理人“单打独斗”；也有一些聘用村处于企业化运行的状态。强村公司“强不强”不仅是衡量产业“行不行”，还是衡量经理人招聘“能不能”、专业团队“精不精”

的重要价值尺度。

3.制度建设困境

（1）制度尚未完善。目前，农村职业经理人管理制度缺乏科学性、合理性和系统性设计。一是管理归口尚待明确。农村职业经理人到底归区农业农村局管理，还是归镇（街道）政府管理，亦或归村委村企管理，存在一定的模糊性。二是权责配置有待规范。农村职业经理人的权责配置仍处于制度空白，尚缺统一的官方文本进行管理，也造成了经理人到底是市场化管理，还是行政化管理，其边界存在一定模糊性。同时，各级行政组织也缺乏对经理人的有效监督体系，仅凭简单约束经理人行使权力显然是行不通的，背离放权办事的鼓励方针。

（2）考核体系尚需建立。考核体系层次性有待理顺。目前，尚未形成科学合理、操作性强的考核体系。区级、镇级和村级具体该制定哪个层面的考核规范还没有系统性规定，缺少“指导意见”“地方标准”“指标体系”及“实施细则”等一系列考核规章。上无标准参照，则下无规则执行。因此，考核主体凌乱、考核规定庞杂，缺乏“谁聘谁考核”“民意最重要”的考核要义。现仅有个别村以聘用强村公司名义制定了经理人考核实施细则，对经理人进行量身考核，其余大部分经理人则由乡镇（街道）和区农业农村局考核。

（3）激励效果欠显著。激励机制不明确。目前，大部分聘用村没有明确经理人个人激励政策，仅有“团队奖励”。甚至有的聘用村既无考核，也无激励。激励方式单一，普遍在采用资金等物质奖励，缺乏精神奖励与生活待遇等奖励，如荣誉称号、子女就学、老人投靠、配偶工作等。激励作用不显著，现有的激励政策与职业经理人利益、成长等挂钩不紧密，未发挥实质性作用，缺乏长效激励，优秀人才留住难。

二、农村职业经理人成长的对策建议

1.进一步优化人才引育

（1）完善选拔机制，提高“人村”匹配度。一是完善农村职业经理人聘用村候选机制。选人先选村，加快完善“候选村”评审指标体系，将“候选村”的基础条件、资源前景、产业模式、集体经济实体状态以及对职业经理人才需求迫切度等进行综合评估，将最有潜力的“候选村”选拔出来。二是完善农村职业经理人“候选人”实践能力鉴别机制。选人先选能，加快完善“候选人”实践能力鉴别流程，增加经理人实务操作、综合素养、资源拓展等考试环节，如出具“村发展诊断书”等，甚至可以开展更接地气的“驻村考试”，必要时还可因村制宜，采用“人聘项目进”或“选人项目先”的选拔方式，尽最大可能将资源丰、能力强、经验足的“候选人”甄别出来。

（2）优化招引策略，注重科技人才引进。一是扩大农村职业经理人招引类型。在“候选村”选拔机制科学合理的基础上，针对各候选村发展类型多样性的现状，打破村村“农文旅”的发展局限性，以乡村产业发展类型、发展模式对应人才专业性、技术性为引进理念，扩大农村职业经理人招引类型，因村制宜，出台“人才匹配指数”。二是提升农村职业经理人招引层次。注重科技兴农、教育兴农和金融兴农的发展理念，大力招引科技创新型人才，积极组织“乡村猎头”服务，积极开展产学研合作，加大高校创新资源的吸纳力，积极尝试高校科技、创业、研究等复合型专业人才的吸引。

（3）加强能人引育，建设“人才蓄水池”。一是与各大高校和研究机构积极合作。利用乡村这个广阔的大“实验室”培养人才，开设农村经理人、乡村运营等相关专业。建立大学生实习基地、实训基地、实验基地。在乡村振兴共同富裕背景下，给大学生提供学习和工作的空间和平台，优势互补，合作共赢。二是大力支持返乡入乡创新创业。给予各类科研人员、创业人才、实力乡贤以实惠的政策条件，吸引他们带技术、带资金、带项目、带团队、带热情考察调研。三是联动区域举办人才招引类活动。如举办人才嘉年华、创业恳谈会、乡村沙龙等，聚集人才、信息、创业机会等。

2.进一步补齐能力短板

（1）提升规划水平，打造产业战略轨道。一是加强职业经理人产业规划能力的培育。各级政府相关部门设立专项培育资金，鼓励各研究机构和高校大力开展相关社会服务，增加财政补助，设置驻点驻村观察员给予现场工作指导。二是努力接轨区域产业发展规划。积极对接区域发展战略，如全域旅游规划、城乡交通规划、生态治理专项规划等，加强政策嵌入、资源耦合、产业变革，积极申报和创建国家级省级农业等示范项目。三是各级政府在发展规划上尽其所能向聘用村适当倾斜。各级政府要预留规划接入口，如从人才培育角度，市级发展规划设置乡村人才振兴模块，将农村职业经理人培育纳入；再如从产业建设角度，区级发展规划可将各村纳入产业基地、园区及景区建设。

（2）加大内涵挖掘，促进新型业态发展。一是注重职业经理人政策解读、文化挖掘、品牌建设等能力的培育。加快形成文化立村、品牌立村、产业立村的内涵式发展路径。二是打破村村搞“农文旅”融合的发展局限性。大力开展各村差异化发展，要从山水资源型、产业资源型、城郊便利型、农业开发型、人文景观型等各村发展特点上，结合未来乡村、数字乡村建设，促进新型业态的塑造。三是加快形成以“一村带多村”“强村助弱村”的产业发展路径。在“一村一品”的基础上，打造“多村一品”“多村多品”，最大限度地盘活小村、弱村和穷村的资源，并激发其内生动力。

（3）加强团队建设，提升市场经营水准。一是加快出台省、市、区级层面鼓励强村公司发展的利好政策。促进集体经济公司化运营，大力推广强村公司股份合作制，积极促进国有资本入股。二是加快研究制定“多村共建共聘”相关机制。对于经济基础薄弱或规模体量较小的村可采用“多村共建强村公司、共聘职业经理人、资源融合开发、资金统筹使用”的方式，注入集体经济市场主体活力。三是完善强村公司市场经营能力。增设公司运营专项资金，充实业务人手、设置业务部门、开展业务工作，或采用公司运营承揽模式给予各项业务外包，杜绝公司空心化。

3.进一步完善相关制度

（1）加强政策统筹，明确“专管专导”部门。一是加快明确农村职业经理人业务、行业、人事和财政等各类归口问题。地方政府亟待指定专门机构作为业务管理和行业指导部门，强化经理人归属感、方向感和责任感。二是加快制定市级层面的农村职业经理人管理办法。进一步明确定位、功能、职责、权限、财政及各项管理机制等。三是加强人才保障与监督。人才保障，尤其是资金保障，加快完善经理人薪酬发放制度，改村垫付工资为区镇点对点工资发放。建立相关监督机构，依托政府部门建立如“杭州市农村职业经理人协会”等行业协会，作为经理人利益保障、权利维护及学习交流、资源共享的平台，同时建立“区、镇、村”三级纵向的经理人监督体系，有效监督经理人权力行使的正当性、程序的合理性。

（2）规范评价指标，构建“三级”考核体系。一是加快理顺经理人考核体系。区相关部门出台相关“指导意见”，制定“地方职业标准”，具体用人乡镇（街道）根据实际情况编制“考核指标体系”，再由各聘用村（社区）根据各年度工作情况起草年度“考核实施细则”，构建科学合理、操作性强的“区、镇、村”三级考核体系。二是加快各村（社区）考核办法的文本化、制度化，使考核与奖励挂钩。以奖促考，避免将考核口头化、合同化，甚至没有考核，导致经理人与村务人员职责不分，得过且过，浪费人力资源。三是强化考核指标中的“民意”评价。农村职业经理人最终是为村民致富服务的，经理人干得好与否，村民最有资格评价。

（3）完善激励机制，增进“人村”利益捆绑。一是加快研究出台能让经理人“安下心”“留得住”的配套措施。如职务晋升、职称评定、股权奖励、家属安置等一系列激励措施，以事业留人、情感留人、利益留人。二是加快改变经理人 2 年一聘的聘期过短状况。由于聘期过短，往往造成项目没落地或刚开工，聘期却已届满，影响经理人的稳定性，也影响项目推进和投资商的信心，应尽可能地延长聘期，或根据各聘用村具体村情，设置符合村情的聘期，最大限度地给予经理人干好事业的时间。三是尝试探索农村集体经济“集体编制”等相关地方性机制。编制是增强经理人身份认同感、获得感的制度选择。

三、完善农村职业经理人制度的建议

在党中央政策引导下，农村职业经理人在活力浙江、天堂杭州的大背景下孕育而生。它壮大了农村集体经济，提供了一条人才振兴的样板路，涌现出刘松、唐文铭、姜伟杰、杨环环、唐梅红等一批心怀乡村情结、身怀振兴绝技的能人队伍，为基层政府提供了发展路径。新事物不是一蹴而就，建立之初，难免存在一些未成熟的做法。然而，实践出真知，唯有大胆实践，方能不断完善，成为一项促进农村发展、具有榜样意义的制度，推向全省，乃至全国。在此，依然要认识到以下几点。

第一，利用科学机制找对人、选精人、引准人是农村职业经理人发展机制的必要条件。“人”是其核心因素，选人不行，万事皆空。因此，亟待采取更加开放的“招贤纳能”方针，如选村前置程序、招聘选拔形式、招引对象锁定等。

第二，抓住一切机会培养人、用好人、发展人是农村职业经理人发展机制的充分条件。“能”是其核心价值，能力不足，一切空谈。因此，亟待提供更加通畅的“培贤育能”渠道，如产学研、校地企合作等打通人才培育和流通渠道。

第三，借助合理制度打动人、凝聚人、留住人是农村职业经理人发展机制的关键因素。“励”是其核心要义，利益共赢，良性互动。因此，亟待建立更加完备的“励贤激能”规则，如考核、激励、评价、监督及保障等管理制度。

农村职业经理人培训

X I A N G C U N Z H E N X I N G

第三章 禹上稻乡团队建设

乡村振兴是国家战略，构建乡村运营团队则成为了实现乡村振兴的重要途径。乡村造梦师和农村职业经理人存在一定的区别。乡村造梦师所在的乡村，基础条件一般不如职业经理人招募村，乡村产业不强，产业基础偏弱，市场化资源有待开发。在余杭区创新农村职业经理人制度的基础上，余杭街道创新推出“乡村造梦师”梯队建设，坚持以点串线、串珠成链，不断焕发“禹上稻乡”腹地八村澎湃活力。

第一节　组建运营团队

乡村振兴是国家战略，构建乡村运营团队则成为了实现乡村振兴的重要途径。乡村运营能否成功，关键在于有没有一支团队目标清晰、相互团结协作、运转高效有序的运营团队。

一、界定团队概念

组建运营团队需要明确团队的概念。团队是指一组人员，共同协作完成某项任务、具有相同的目标和使命而聚集在一起的共同体，其中每个成员的知识和技能，协同工作，相互信任并承担责任解决问题，以期实现共同的目标。构建一个成功的运营团队需要具备相互信任、相互协作和积极沟通的基本素质。

二、明晰团队目标

组建运营团队需要明晰团队的目标。一个高效的乡村运营团队应该具备清晰的使命、愿景和目标。例如，团队的目标是打造一个绿色、智慧、和谐的乡村，不断提高村集体经营性收，不断提高当地农民的生活品质和收入水平。这样的目标能够激励团队成员不断努力，共同追求更高的成就。

三、成员相互协作

团队成员之间的协作关系是团队管理成功的关键因素。团队应遵循相互信任、相互尊重、相互帮助的原则，实现成员之间的协作与互补。同时，建立有效的沟通机制和协调机制，及时解决团队内部出现的问题。

团队成员之间相互协作的基本程序如下。

第一步，通过明确的规章制度，明确各个岗位的职责和工作流程，规范团队管理。

第二步，建立定期的团队会议制度，加强团队成员之间的沟通协作，及时解决问题和难题。

第三步，定期对团队成员进行考核评估，及时发现问题，调整管理措施，保持团队的稳定性和发展动力。

四、培养核心成员

一支完整的团队，一般来说由主管领导、核心成员和支持人员三大类组成。

主管领导也就是村属公司（运营公司）董事长、总经理，或者农村职业经理人。

乡村运营核心团队

核心成员，主要负责乡村运营管理工作，包括乡村规划、产业发展、人才引进、旅游开发、文化传承等方面的专业人才。

支持人员，包括行政人员、财务人员、市场营销人员等。

一个高效的运营团队需要拥有一支稳定、专业的核心成员队伍。这些成员应该具备专业知识和实践经验，能够提供专业意见和建议，并且具备领导能力，能够带领整个团队不断前进。

五、团队激励机制

第一要建立成果评估体系。建立符合乡村运营实际情况的评估指标和评估体系，对团队的工作成果进行评估和总结。

第二要及时反馈和改进。将评估结果反馈给团队，及时发现问题和不足之处，针对性地制定改进措施，提高团队的工作效率和成果。

第三要兑现激励机制。公司激励是构建高效运营团队的重要手段。激励可以来自多个方面，如奖励、晋升、薪酬等。在激励机制的设计上，应该充分考虑团队成员的个人需求和团队的整体利益。

运营团队

职业经理人运营团队主要由专业经理人组成，这些经理人具备专业知识和管理经验，能够独立运营和管理农村项目或企业。这种团队类型适用于较大的农村企业和农村项目。在这种团队中，需要高效的管理和监督机制，以保证团队的整体稳定和高效运营。

杭州市余杭区由区和乡镇（街道）共同出资，面向全国公开招聘“农村职业经理人”，推行基础年薪＋考核绩效的做法，激发农村职业经理人干事创业的热情。自2019年以来，余杭街道举措频出，不断打造乡村振兴运营团队。通过成立乡村运营“强村公司”、招聘农村职业经理人、“乡村造梦师”和助理等，以“人才兴”和“运营强”实施八村联合经营推动“禹上稻乡”焕发勃勃生机。以农村职业经理人为代表的永安做法，吸引了浙江芒种乡村运营公司，与永安村强村公司签约携手组建浙江千村运营公司，以市场化手段专业推广余杭做法。

2022年7月，浙江省乡村旅游高质量发展大会暨万户农家旅游致富计划启动仪式在浙江丽水举行，会上发布了首批“乡村文旅运营团队”培育名单，杭州余杭禹上稻乡运营团队以“农村职业经理人”模式的典型案例上榜。

第二节　组建乡村造梦师团队

一、现实要求

乡村造梦师是2022年杭州市余杭区余杭街道全国首创的乡村人才计划，最初的目的是助力余杭街道城北8个村抱团发展，破解禹上稻乡2.0发展所面临的人才困境。禹上稻乡项目是围绕余杭街道城北8个村约3万亩水稻为主体、打造的“以稻为基　以创为核”的共同富裕项目，项目首期放在永安村（即禹上稻乡1.0）。在余杭区农业农村局和余杭街道指导下，禹上稻乡项目自2019年启动以来已完成高标准农田建设、土地集中流转经营、成立运营公司、建设小微业态、举办系列活动、推广认养产品、品牌推广营销、数字赋能农业、推动校地合作等一系列工作，成效显著。村集体经济收入由2018年的78万元提升至2022年的505万元，实现了每年翻番的目标；村民人均收入每年以20%速率增长。2022年通过举办系列活动，来禹上稻乡旅游人数达15万人之多，带动了近750万元旅游经济收入。通过“出类八萃”、开展研学、亲子游等合作方式，直接带动周边村民增收500多万元。

禹上稻乡1.0，在永安村实现了快速发展，得到了广泛的认可，得益于组织化创新、品牌化引领、数字化支撑（“三化互促”）。其中通过组织化创新，即招募农村职业经理人组建专业团队，按照“专业的事情交给专业的人来做”的理念进行权责划分，为整个项目的发展提供了巨大的源动力，激发了乡村运营的无限可能。然而，农村职业经理人是由区级农业农村局招聘的区级人才，对招募村有严格的招募门槛和要求，而禹上稻乡涵盖了永安、下陡门、溪塔、洪桐、上湖、仙宅、义桥、竹园8个行政村，除永安和竹园满足区级招募村要求，其他6个村均暂时无法达到该条件，无法引进人才激发乡村资源市场活力，乡村发展面临困境，禹上稻乡2.0

版本面临巨大挑战。因此，在余杭街道党工委的带领下，通过“招募乡村造梦师”这一创新举措，为禹上稻乡八村实质性抱团发展，深度融合实现真正的区域发展提供人才源动力，助力禹上稻乡 2.0 版本快速发展，也为禹上稻乡 3.0 版本做出更加坚实有力的探索。

禹上稻乡八村手绘示意图

乡村造梦师和农村职业经理人存在一定的区别。农村职业经理人所在村大部分是具备一定的优质基础，例如有明显的产业优势或者具有较大的知名度，对于运营来说，可以直接着手进行运营，能实现快速地乡村资源市场化；而乡村造梦师所在的乡村，基础条件一般不如职业经理人招募村，乡村产业不强，产业基础偏弱，市场化资源有待开发。所以，乡村造梦师需要在这个环境中，依靠自己敏锐的市场嗅觉和资源整合能力，通过资源盘点、走访调查、沟通协调等方式深入一线，制定村庄发展路径和发展目标，并后续通过品牌规划、农产品衍生品开发、营销模式制定、研学课程开发和文旅活动策划等方式激发村民们积极参与的热情，持续带动村民共同富裕，缔造一个乡村振兴的致富梦。

二、造梦师招募

按照给每个村配备 1 名造梦师和 1 名造梦师助理的方式进行招募，年薪按照造梦师（15 万元）、造梦师助理（12 万元）执行，招募过程公平、公正、公开，通过资格审查、笔试、结构化面试等进行。

（一）招募条件

乡村造梦师要求年龄在 40 周岁及以下，全日制本科及以上学历，具有 3 年以上规划策划、经营管理、农旅营销、农文旅项目等工作经验。特别优秀者可适当放宽年龄和学历，其中年龄可放宽至 45 周岁，学历放宽至非全日制本科。

乡村造梦师助理要求年龄在 35 周岁及以下，全日制本科及以上学历，具有2年以上经营管理、农旅营销、农文旅、数字化运营项目等工作经验。特别优秀者可适当放宽年龄和学历，其中年龄可放宽至 40 周岁，学历放

乡村运营团队

宽至非全日制本科。

（二）招募时间

第一期：2022年9月19日发布招聘公告。发布公告以来，一共报名45人，通过资格审核有22名，其中应聘造梦师岗位12人，造梦师助理有10人。这22名考生有2名国外留学归国硕士生；4名来自浙江大学、南京农业大学等院校的研究生；16名来自浙江大学、浙江农林大学、浙江工商大学等院校的本科生。

2022年10月15日，考生来禹上稻乡核心区永安村现场参加笔试和面试，参加考试前，街道组织部负责人和禹上稻乡负责人带领考生参观永安村并进行问题解答，随后进行严格的笔试＋面试。最终通过考核，择优招聘了6个造梦师和2名造梦师助理。

第二期：2023年，具体时间和流程待定，按原计划将会在第一期的基础上继续招募，实现8个村每个村均有1名造梦师及1名造梦师助理。

应聘者参观禹上稻乡及现场答疑

造梦师笔试现场

造梦师面试现场

三、乡村造梦师内训

为了尽快让造梦师投入禹上稻乡运营中来，按照四个阶段、四个维度进行全方位内部培训，通过总、分、总的实施方式，将乡村造梦师打造成乡村运营全方位人才。

余杭街道"乡村造梦师"培养培育计划安排

序号	时间节点				计划主要培训内容			主要工作内容			备注
	阶段	主要任务	开始时间	结束时间	乡村振兴政策和案例类	企业经营通用知识类	业务实操类	公司	项目	结对村	
1	第一阶段：熟悉阶段	对运营公司、人员、业务初步了解熟悉	2022年11月1日	2023年2月28日	每月1次培训	每月1次培训	每月1次培训或专项指导	每个造梦师根据申报方向，跟一位正式员工熟悉公司业务	新媒体的建立和运营		工作方向安排：李赫男协助沈燕营销工作；谢小青协助范立慧数字化运营工作；孙华林协助刘松整体运营工作；李松协助于博旭开展活动工作；江峰协助范立慧项目申报
2	第二阶段：挂点阶段	分别对每个村的情况进行熟悉，资源梳理	2023年3月1日	2023年9月30日	每月2次培训（其中1次外出考察）	每月2次培训（其中1次座谈会）	每月2次培训或专项指导	独立负责一块工作、协助领导完成其他工作	新媒体运营和认养一亩田	1. 挂点村的资源调研梳理； 2. 挂点村的人员熟悉；	沈 *——下陡门； 范**——竹园村； 李**——洪洞村； 谢**——上湖村； 孙**——仙宅村； 李 *——义桥村； 江 *——溪塔村； （草拟）
3	第三阶段：集中发展阶段	造梦师总部集中办公，各村设立办事处	2023年10月1日	2024年12月31日	每月2次培训（其中1次外出考察）	每月2次培训（其中1次座谈会）	每月2次培训或专项指导	独立负责一块工作、协助领导完成其他工作	新媒体运营和认养一亩田	1. 挂点村的发展规划； 2. 挂点村业务的组建	
4	第四阶段：逐步成熟阶段	具备条件的村可在统一品牌下独立发展	2024年1月1日	2024年12月31日	每月1次考察交流	每月1次培训	每月1次培训或专项指导	独立负责一块工作、协助领导完成其他工作		成熟一个村组建一个村的运营小团队	

余杭街道"乡村造梦师"培养培育方法

序号	培训方式	主要内容
1	理论培训	通过内部老师外部老师进行理论培训包括：《乡村产业现状》《乡村振兴政策》《乡村的发展规划》《企业基础管理》《企业运营》《新媒体打造》《农文旅融合》《农业技术基础知识》《营销销售相关基础知识》《团队管理》等必备的理论知识培训，夯实理论基础
2	工作实践培训	通过"造梦师"与现有团队主要负责同事搭班配合形式，结合轮岗制，深入参与现有运营工作，深刻感受乡村运营真实情况
3	专项项目培训	拟计划通过数字化守护一亩良田计划作为为期半年的"造梦师"专项项目，锻炼团队协作、资源调动、市场互动等方面能力
4	外出考察交流培训	拟计划每个月对浙江省乃至省外明星乡村做走访考察，通过实地考察启发新思路、借鉴新办法、对接新资源，助力禹上稻乡更好发展

四、乡村造梦师初步运行成效

(一) 晋级区级农村职业经理人

通过对乡村造梦师系统化培训，增强其实践能力和提高理论水平，6名造梦师和2名造梦师助理的能力显著提高，并推荐优秀成员至农业农村局组织的农村职业经理人招聘环节，其中有1人顺利通过职业经理人考核体系，成为2022年余杭区农村职业经理人的一员，正式开启了乡村运营之路。

乡村造梦师培训

农村职业经理人招聘面试

乡村造梦师亮相村晚

（二）顺利举办开春节活动

禹上稻乡每年有两个大型节日活动（上半年开春节和下半年开镰节），作为禹上稻乡的重点活动之一的开春节，2023年3月25日在竹园村举办，造梦师团队通过群策群力，积极进行头脑风暴，在开春节主会场设置了农产品销售区、美食庭院区、宋韵体验区、炒茶品茶区、非遗体验区、游步打卡区等专项区域，通过发放消费券、直播连线等方式带动农产品销售50万元以上。在竹园村设置主会场的同时，通过在永安村、义桥村设置分会场，分别举办花田音乐节、乡村运营武林大会、开森营露营活动等子活动。开春节主会场和分会场的活动，在余杭街道党委委的带领下，造梦师团队团结协作、分工明确、奋勇拼搏，顺利地完成开春节的各项活动事宜，为禹上稻乡的品牌宣传又起到了重大推动作用。

禹上稻乡第四届开春节启动仪式

杭州禹上稻乡经营管理有限公司成立仪式

乡村造梦师下乡授旗仪式

（三）完成禹上稻乡项目各项事务

完成禹上稻乡项目申报、活动策划、品牌宣传、市场营销、培训讲解、数字化营销、项目运营等各项事务。通过禹上稻乡员工对新进造梦师成员的传、帮、带的作用，迅速提升了造梦师熟悉禹上稻乡的运营模式和运营特点。自造梦师和造梦师助理到岗以来，出色地完成了禹上稻乡项目申报、活动策划、品牌宣传、市场营销、培训讲解、数字化营销、项目运营等各项事务，造梦师人才的加入，使得禹上稻乡的培训业务、数字稻田认养业务、数字菜地认养业务、活动策划数量呈现翻番的速率在增长，突破了2022年同期水平3倍以上。通过造梦师的纽带，永安村与其他七个村的联动次数达70次以上，实现了历史性突破。

品牌直播

工作检查

研究营销方案

实地规划

第三节　主要成效

为持续推进乡村人才振兴的“永安实践”，杭州市余杭区余杭街道通过优化顶层设计、健全培养体系、强化支撑保障全力打造“组织化的永安团队建设模式”。在余杭区创新农村职业经理人制度的基础上，余杭街道创新推出“乡村造梦师”梯队建设，坚持以点串线、串珠成链，不断焕发“禹上稻乡”腹地八村澎湃活力。

一、优化顶层设计，引才汇智筑就“强磁场”

（一）创优招才纳士新形式

明确“造梦师”画像，精筛22名竞聘者，其中6名为浙江大学等高校研究生，16名为优秀院校本科生，采用灵活的招聘形式，通过“造梦践地游”“解梦圆桌会”载体搭建，打破求职者与招聘者信息不对称，带领“准造梦师”了解“禹上稻乡”项目，同步开展“笔试＋面试”，形成“三级过筛”，择优录用6名乡村造梦师和2名助理。

（二）构建“双化”赋能新格局

联合浙江芒种品牌管理公司，成立浙江千村运营公司，专注乡村市场化运营。通过组织化培养、定向化输送，为各村村属企业提供人才支持、规划设计、品牌推广、产品营销等服务，推动“禹上稻乡”腹地乡村同频共振，目前已定向输出“乡村造梦师”1名。

（三）开辟成果转化新通道

围绕“创意享禹上”微创意大赛落地成果转化，切实发挥70余家参赛高校智慧，推动造梦师队伍成为成果转化归集“窗口”。根据创意方案可行性和实用性，有序推进“稻梦游记”等获奖项目。

二、健全培养体系，聚链成势拉响“主引擎”

(一) 立体管理挖潜力

明确乡村造梦师懂农业、善经营、会管理、爱乡村“四位一体”职业定位，落实轮岗制度，通过理论学习、业务实操、研学交流、比拼赛智等多元活动赋能“乡村造梦师”锻造。2023年以来，累计开展“我与乡村的关系”“SMART－目标管理”等赋能活动120余场次。

(二) 双向发力植沃土

打破业务精通与有效融入的“二元结构”，建立链式帮带成长路径，推出“双导师”机制。由街道辖区“乡村CEO”领衔，通过主题圆桌会、田间践学等专项提升，带领造梦师们“动起来”；聘请6名村书记担任街道首批“成长导师”，提供涵盖村情村貌资讯、群众沟通、干部协调、资源接洽等方面指导，实现造梦乡村扎根本土“活起来”。

(三) 一键通达享成长

鲜明用人导向，按下发展“快进键”，打通“造梦师－CEO”成长转化通道，清晰梯级成长“蓝图”。2022年11月以来，街道8名乡村造梦师（含助理级2名）中已有1名通过努力晋升为竹园村“乡村CEO”。扩容“乡村造梦师”队伍，辐射带动43名青年人才加入乡村智库，推动外部引流与本土培育深度融合。

三、强化支撑保障，兴业富民打造“金名片”

(一) 聚势项目推进

造梦师活化优势积极解题，驻点八村扎根调研，助推“共富工坊”创建，结合村级比较优势细化4处工坊打造，深化竹园村“茶香禹上”品牌，协助上湖村“共富工坊”确立“竹林培育”项目并成功申报立项杭州市农业科研攻关专项，助力共富工坊服务中心落地建成，优化直播主题设置，协助直播培训打磨，累计完成直播运营保障20场次，带动消费10万元，促进低收入农户就业150余人次。

（二）聚能平台搭建

搭建“乡村造梦·青春建功”等特色载体，造梦师在半年内将围绕农产品、闲置资产、产业主体、外部资源等持续开展蹲点调查，摸清“家底”，主动领题形成城北八村破题发展可行性方案，积极为溪塔村桥下空间利用、义桥“科创青年未来村”建设等提供智慧支撑，成型落地“一亩良田”专项计划。

（三）聚力暖心服务

延伸“稻香聚才十条”服务半径，畅通信息触达，设置“服务专员”，为创客、造梦师、运营人员等提供医疗、子女入学、档案托管、证件申请等“一站式”服务，打破城乡政策壁垒，累计提供代办服务28次。

X I A N G　C U N　Z H E N　X I N G

第四章　禹上稻乡品牌打造

乡村品牌化指的是基于乡村及区域内相关资源的品牌创建、运营和管理的过程。它以农业、农村、农民为关注对象，聚焦乡村空间区域内各种相关资源如自然、文化、农业等资源的品牌化。余杭禹上稻乡品牌建设利用区位优势，调动相关资源，通过挖掘品牌区域资源进行差异化的品牌战略定位、创制具有传播性的品牌名称、品牌口号与符号体系，进行完善的区域功能区块布局，构建高效传播策略，塑造品牌形象，多元创新营销模式，不断扩大销售渠道。

第一节　乡村品牌化

一、品牌乡村

在当今的全球化时代，品牌已成为推动乡村经济发展的关键力量。乡村品牌化指的是基于乡村及区域内相关资源的品牌创建、运营和管理的过程。它以农业、农村、农民为关注对象，聚焦乡村空间区域内各种相关资源如自然、文化、农业等资源的品牌化，因此有广义和狭义之分。广义上的乡村品牌化包括突出空间区域特征的县域（甚至跨县域）、乡镇、村等层级的区域公共品牌建设，也包括突出农业产业特征的全产业或单产业的农产品区域公用品牌建设，还包括突出人格化特征的乡村新农人群体品牌或个人（网红）品牌建设；狭义上的乡村品牌化指的是以村（自然村、行政村）、镇（行政区划意义上的乡镇以及产业集聚意义上的特色小镇）为主体，包含区域内相关资源的品牌化建设。品牌化可以使农产品更具吸引力，提升其附加值，进而增加农民收入，促进农村振兴。

（一）政府支持有助于推动乡村品牌化经营

政府对农业品牌建设的支持由来已久，为乡村品牌化经营打下了坚实基础。如中央一号文件反复强调要“发展乡村特色产业，建设农业品牌”。《乡村振兴战略规划（2018—2022年）》提出，以各地资源禀赋和独特的历史文化为基础，有序开发优势特色资源，做大做强优势特色产业，加快形成以区域公用品牌、企业品牌、大宗农产品品牌、特色农产品品牌为核心的农业品牌格局。《全国乡村产业发展规划（2020—2025年）》提出，构建全产业链，推进聚集发展，拓展乡村特色产业，培育一批区域公用品牌、企业品牌、产品品牌等乡村特色品牌。浙江作为乡村品牌化探索的前沿省份，更是在此发展背景下进一步提出“品牌化经营”策略。如《浙江乡村振兴发展报告（2018）》提出，要突出品牌经营谋转型，以品牌放大“两山”转化效益，着力改善产品品质，提升主体素质，挖掘乡村特质，塑造产品品牌、企业品牌、村庄品牌、区域公共品牌，推动建设乡村向经营乡村转变。《新时代美丽乡村建设规范》提出，采用股份合作社等多种模式，引进社会资本和工商资本参与村庄经营，实行品牌化经营，参与区域性公共品牌打造，建设景区村庄，拓展村庄内涵，放大品牌效应。由此可见，乡村品牌化经营在全面推进乡村振兴战略的宏观背景下未来可期。

（二）产业品牌培育有助于推动乡村品牌化经营

乡村产业品牌的发展时间较长，拥有较为丰富的研究成果，为乡村品牌化经营提供了许多值得借鉴的经验。第一，依据自身特色资源发展乡村产业品牌。美国在乡村旅游产品开发中注重打好“本地牌”，积极推出具有当地特色的旅游项目；应更多地从与地方特质相符的自然环境和人文环境出发，发展乡村产业品牌；凝结着乡村文化特色的旅游地品牌个性，更容易引起人们向往自由、质朴生活的情感共鸣，促进到访游客对乡村旅游地形成情感依附，产生游客忠诚。第二，注重产品的品质。区域声誉是由区域内农产品长期共同质量安全带来的；要着重以产品质量为核心塑造产品品牌，提升产品知名度和附加值，满足多样化、高品质的市场需求。第三，多元主体共同参与。区域品牌培育是政府、农民专业合作组织、龙头企业多重主体的集体行为；可以考虑从多元互动的角度出发，推动农产品区域品牌建设；地方政府的科研资助、农业企业的具体运作和多方合作的商业融资支持是实现高效品牌培育模式的前提和必要条件。第四，注重品牌营销，丰富营销方式和内容。“李子柒”“蜀中桃子姐”等通过短视频平台营销以乡村日常劳动生活为主线的品牌叙事故事，既是农民运用新媒介致富的路径探索，也是农民在致富过程中的自我价值呈现；借助新媒体传播，可改变乡村文化单一的传播形式，延展传播空间，以语音、视（音）频等集成信息输出助力边远贫困地区工艺品牌推广，为智能时代多元终端客户提供互动体验服务。

（三）乡村品牌化经营有助于实现乡村可持续发展

从产业兴旺来看，根据乡村发展现状、区位条件、资源禀赋等发展乡村特色产业，打造乡村综合性品牌，有助于改变目前粗放式、同质化的乡村产业发展现状，有效彰显地域特色，实现乡村一二三产业融合。从生态宜居来看，乡村品牌化经营的前提是乡村优质的生态环境，实施乡村品牌化经营会倒逼生态环境改善，同时提升村民对生态环境保护和乡村资源利用的认知水平。从乡风文明来看，乡村品牌化经营有助于将乡村优秀的传统文化融入品牌，形成差异化发展，通过农事节庆、乡村体验等活动推动文化传承，并且推动乡村与外界不断碰撞，进而形成新时代的乡风文明。从治理成效来看，乡村品牌化经营有利于凝聚乡村内外部力量与智慧促进乡村发展，为乡村治理集聚多类型人才，进一步提升乡村治理水平。从生活富裕来看，乡村品牌化经营不仅令乡村生活风貌焕然一新，同时也壮大了集体经济，增加了村民收入，满足了村民对物质与精神的需求，推动了宜居宜业的美丽乡村建设。总之，乡村品牌化经营带动了乡村全域发展，有助于实现乡村可持续发展，同时也是缩小我国城乡差距，促进城乡人民共同富裕的重要举措之一。

(四) 乡村品牌化经营有助于推进“两山”转化

2005 年 8 月 15 日，时任浙江省委书记的习近平同志来到安吉余村考察，首次提出“绿水青山就是金山银山”理念。其中“绿水青山”喻指生态环境，“金山银山”喻指经济发展，两者之间的关系就是发展与环境保护的关系。在实践中，人们对“绿水青山”和“金山银山”之间关系的认识经过了三个阶段：第一阶段是用“绿水青山”去换“金山银山”，造成生态破坏，急需进行环境治理和生态修复；第二阶段是既要“绿水青山”又要“金山银山”，环境问题开始引起人们的反思；第三阶段是“绿水青山就是金山银山”，努力构造一种新的生产、生活、生态共赢的高效、绿色、可持续的高质量发展模式。乡村品牌化经营是实现“产业生态化与生态产业化协同发展”的重要举措。一方面，乡村品牌化经营满足了“产业生态化”发展需求，即在保护自然生态环境的同时，科学有效地整合自然、产业、社会资源，以此达到消除产业对生态环境的破坏，最大限度地发挥资源优势，实现可持续发展的目的。另一方面，乡村品牌化经营满足了“生态产业化”发展需求，即将良好的自然生态资源、美丽乡村以及现代农业中的生态资源产品化，从而实现生态资产的市场价值。

（五）发挥品牌主体力量，构建利益联结机制

村庄的乡村品牌化经营涉及多方主体，各主体之间存在着直接或者间接的关系，共建共营共享，为村庄乡村品牌发展提供了坚实的壁垒。首先是村庄外部主体，即各级政府与社会资本，主要是以间接的方式影响着村庄的乡村品牌化经营。政府通过村集体对村庄的乡村品牌化经营进行指导与规范，社会资本则通过政府、村集体的评估审核，投资于家庭农场或村庄其他载体而对村庄的乡村品牌化经营产生影响。其次是村庄内部主体，即村集体与村民、强村公司和家庭农场。如鲁家村在经过多年实践后，形成了“公司 - 村 - 家庭农场”的组织经营模式，其中村集体发挥中介功能，起到沟通协调、缓和矛盾的作用，公司和家庭农场为村民提供就业岗位，为鲁家村创造经营性收入。这三者通过利益分配、合作分红的联结机制，形成强大合力，共同经营“田园鲁家”品牌。此外，鲁家村大力建设创业就业服务平台，为创业人员提供强有力的保障，为村民提供针对性的就业培训，不仅吸引了更多专业人才的加入，也培养了一批新型职业农民，使得更多主体参与鲁家村的乡村品牌化经营。

二、一村一品

“一村一品”是以村为基础，充分发挥本地优势，使一个村拥有一个或多个市场潜力大、区域特色明显、附加值高的主要产品或产业，从而快速提升经济实力的农村经济发展模式。随着“一村一品”的逐步发展，其范围也从原来许多学者所定义的“村”逐步扩大，不再强调不同村发展不同的主导产品，而是以地域为范围来确定区域主导特色产品，也更注重产品的品质和品牌效应。“一村一品”的发展首先要不断提升“品”的聚集度，其次要不断提升“品”的内涵，更要提升“品”的竞争力。

在现代化进程中在现代化进程中“一村一品”的概念也在与时俱进地发展，但是核心要素却始终不变，即立足于当地文化、自然、传统等资源优势，根据市场需求选择和培育具有地方特色和市场竞争力的特色产品和主导产业，提升区域市场竞争力，提高当地市场经营能力和农村经济水平，推动传统农业向现代化农业发展。

日本在20世纪50年代末首次提出并成功推广“一村一品”模式，大分县知事平松守彦在总结发展经验后于1979年正式提出了“一村一品”的概念，并以大分县为试点展开运动，如今，其基本理念已被广泛接受。泰国的五星评比制度能够调动农民发展“一村一品”的积极性，使农民参与到农业生产的环节中，各村镇积极开发本地区特色产品，形成了各具特色的“一村一品”发展路径。通过对各国农业生产方式的深入研究，发现日本大分县的成功典型适用于大部分的亚洲国家以及美国、瑞士、比利时、德国等西方国家，“一村一品”运动是实现农业现代化、产业化的优质选择。那如何打造“一村一品”呢？

（一）“一村一品”要与自然环境资源相结合

“橘生淮南则为橘，生于淮北则为枳，叶徒相似，其实味不同，所以然者何？水土异也。”同样的一种东西，生长的环境不同，结果就不一样。不同的村庄，所依托的自然环境各不相同，有的是平原，有的是山区，有的是滨海，有的是城郊，在运营资源评估和运营产品开发中，就得精准抓住本地独特的自然资源禀赋，确定目标和方向，才能形成特色鲜明的自我品牌。

（二）“一村一品”要与社会经济资源相结合

产业兴则百业兴，产业兴旺是乡村振兴的重要基础，是可持续发展的有力保障，是解决一切问题的前提。产业是乡村运营的根本，要形成本村特色，必须立足当地的社会经济资源。要始终坚持生态、绿色发展理念，从农产品质量和产量上做好文章，以消费市场为导向，充分运用“数字化＋”“智能化＋”“机械化＋”等现代管护新技术，不断提升农产品生态、科技含量和总体产量。同时，打破小而散的传统农作经营方式，解锁更多与自身发展相适应的组织方式和多元利益联结机制，引导种植大户与专业合作社、本地龙头企业积极对接，引进外来企业发展适合区域实际的特色种养业，带动村镇特色产业发展，不断提升产业组织水平和经济效益。

（三）“一村一品”要与旅游文化资源相结合

生态为本，文化为魂，旅游为体。乡村运营离不开农文旅融合发展之路，塑造品牌化的乡村，更离不开当地传统文化的挖掘和包装。乡村文旅融合发展的核心能力是传播价值观，即所谓讲好故事。好的文旅产品的终极目标不是畅销，而是“IP化”，用文创思维讲好故事重点是内容为王。在产品的故事、用户的故事、创始人的故事、投资人的故事、IP人物的故事、员工的故事、地域文化的故事和行业的故事等八种模式下，结合所在村庄的实际，讲好地域文化的故事无疑是理智的选择。

第二节　品牌化建设

一、农产品品牌打造和运营

（一）品牌打造

余杭禹上稻乡品牌建设是在充分认识竞争格局的基础上，利用区位优势，调动相关资源，通过挖掘品牌区域资源进行差异化的品牌战略定位、创制具有传播性的品牌名称、品牌口号与符号体系，进行完善的区域功能区块布局，构建高效传播策略，塑造品牌形象。

1.地理位置：辐射区域消费潜力较强

余杭禹上稻乡距离杭州市中心仅半小时车程，交通便利，是杭州都市中的乡村田园。

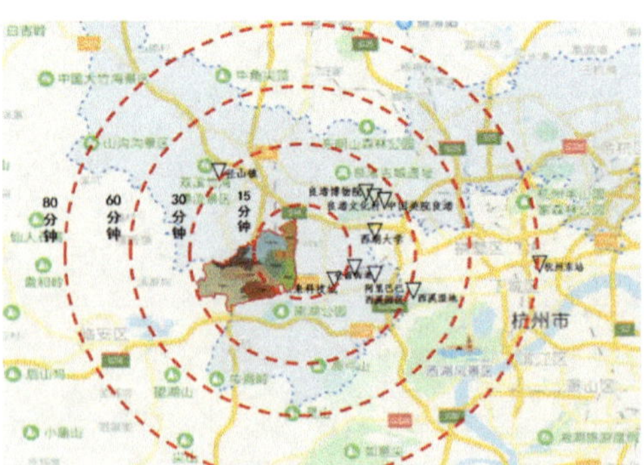

与企业与余杭知名景点地理位置关系

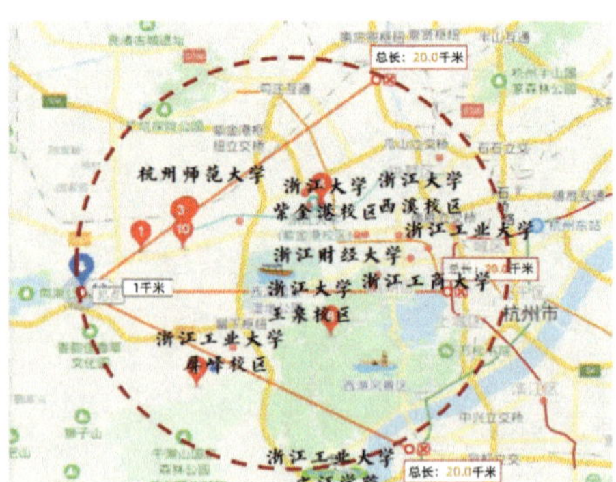

与相关高校地理位置关系

2.自然资源：山水田园孕育安心物产

余杭禹上稻乡地处北亚热带南缘季风气候区，温暖湿润，四季分明，光照充足，雨量充沛，其气候、土壤、环境、水系等自然条件具有种植优质稻米、茶叶、水果及水产等农产品的天然优势。此外，北苕溪水蜿蜒曲折更是滋养着小镇的物产和村民。在这里，和谐宜居的优美环境为小镇良好的乡村形态和丰饶的物产奠定了自然环境基础。

3.产业资源：稻核多驱助推安心产业

当前，余杭禹上稻乡形成了“以稻为核，多驱发展”的特色。在一产上，具有大米、茶叶、竹笋、鲜果水产等优质、安全、特色的农产；在二产上，背靠未来科技城，具有各类加工企业，产出优质安全的产品；三产上，有经营相对成熟的休闲农庄，能够提供餐饮住宿等贴心的配套服务。

4.文脉资源：历史悠久演绎传奇经典

在文脉资源上，千年的良渚农耕文化深刻影响了这片土地，东汉的西险大塘以及源自明代苕溪两畔矗立的舒公安乐二塔，守护着这片土地的宁静安康。清代四大疑案的杨乃武与小白菜等也为此地添上了神秘色彩。

基于上述分析进行了战略定位及其核心价值、价值体系，形成价值表达。“禹上稻乡”这一品牌名称既具有一定的地域特征指向，又彰显了品牌的核心价值。

禹上稻乡品牌 LOGO

为结合禹上稻乡不同季节的稻色，呈现为绿色和金色两个版本的LOGO，其中，绿色体现水稻生长阶段的勃勃生机，金色则表现水稻秋收时节的丰收景象。

（二）农产品包装

包装是品牌理念、产品特性、消费心理的综合反映。基于“禹上稻乡”品牌基础规划设计与余杭禹上稻乡产业基础、人文风貌、发展规划等协同融合发展，树立商品的品牌形象，对禹上稻乡的核心支柱产业大米品牌“禹上稻香”规划。

1.价值支撑

“禹上稻香”大米具有良渚的千年稻作文明的独特基因，承继了良渚农耕文化的精耕细作；“禹上稻香”大米产自历史上闻名遐迩的鱼米之乡，苕溪水滋养灌溉，将江南水乡的柔情倾注于金黄稻穗；背靠浙江省农业科学院的技术支持，提供优选品种；对稻田进行专人管理与技术指导，采用生态种植模式，精耕细作，粒粒珍贵。其米粒饱满，色泽晶莹透亮，入口品尝口感绵软，回味清香。基于以上分析提出“禹上稻香”大米品牌的价值支撑。

千年良渚，稻作承继
鱼米之乡，苕溪滋养
科技助力，匠心耕种
软润晶莹，回味悠长

2.价值表达

“禹上稻香”这一品牌名称在2019年已经注册。这一品牌名称体现了大米原作物“稻”，烘托了禹上稻香大米的留香久的口感体验；同时又与母品牌“禹上田园”相关联，表明了余杭的地域指向；品牌名称营造出了一幅禹上稻田袅袅的美好画面，彰显了“禹上稻香”大米的上乘品质。

3.符号体系

在具体设计中，沿用稻田和白鹭元素，将“禹上稻香”四个字结合江

“禹上稻香”大米品牌 LOGO

南屋顶的特殊弧度进行设计，将稻穗融入稻字中进行艺术表达，右侧则伴以体现品牌产地优良环境的白鹭，优秀产品品质的大米，以及滋养灌溉“禹上稻香”大米的苕溪。

为应对不同需求，项目组为大米品牌构建了产品体系，将其划分为特色产品、大宗产品、电商产品、旅游商品化的礼品装。

“禹上稻香”大米

IP形象富有民族文化与地域特色，物产与风貌的双联动，让品牌、IP、包装之间相互促进。通过设计发声，让包装说话，拉近品牌、IP、产品之间联系，包装植入IP助推农产品“走出去”，同时把全国各地的游客“引进来”，促进永安村在乡村振兴中发挥领头羊的作用。

“禹上稻香”包装袋

消费需求在升级，消费群体在变化，设计赋予禹上稻乡产品包装互动性、现代感、吸引注意力并增强用户的体验，构建多元消费场景。使得消费者产生代入感，增加购买欲望，实现了消费者与产品间的紧密联系和深层精神交互。

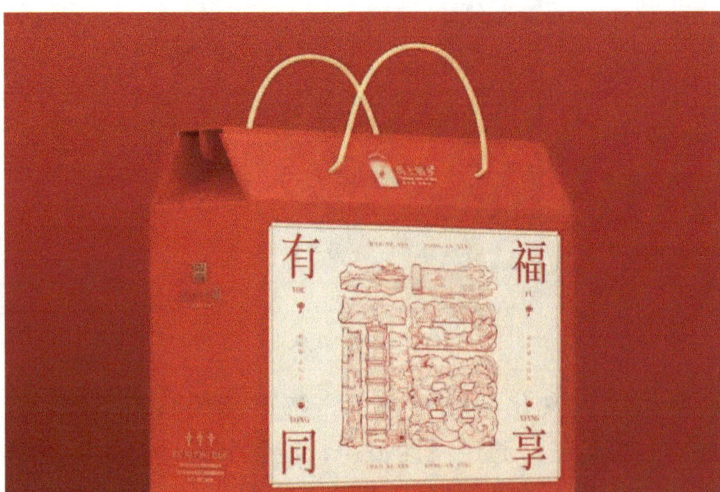

禹上锅巴

禹上草莓外包装

二、农产品的深开发

农产品深加工是贯穿一二三产业，衔接农业的产前、产中、产后，突现农业产业化、农村工业化、农村城镇化，农民组织化的一个重要途径，对于全面解决“三农”问题具有十分重要的战略意义。

禹上稻乡的稻米深加工是以大米、糙米、碎米、米糠、精白米糠（糊粉层蛋白）、米胚等为原料，采用物理、化学、生化等技术加工转化的各类产品。目前主要集中在碎米和米蛋白的深度开发两个方面，主要有以下几种。

1.有机米酒

有机米酒以优质糯米为原料，配合特质酒曲发酵而成，酒香甘醇，回味无穷。

永安米酒

2.米锅巴

米锅巴选用优质大米，农家柴火，大锅制作，无添加剂。

禹上锅巴

3.米浆

精选优质大米，精研细磨，科学配比，营养丰富，口感细腻，香浓可口，即冲即饮，养胃从一杯米浆开始。

禹上米浆

4.粽子

精选当季晚糯米，优选高山伏箬叶片，柔韧修长宽大，清香四溢，谷物饲养优质黑猪肉，肉质紧实放心，营养价值高，高馅料比，一口下去更满足。

禹上粽子

5.米糕

将米粉用绢罗筛过后，加水、蜜和呈硬一点的面团，将枣和栗子等贴在粉团上，用箬叶裹起蒸熟即成。

禹上米糕

6.米月

精选大米，磨粉蒸熟，揉好团，保鲜膜包起静放半小时，取少许米团揉圆拍扁，放馅料包紧裹圆，在月饼模的花片上表面粘薄薄一层玉米淀粉，将包好馅料的月饼放入模具。按压成型，脱模即可。

禹上米月

7.年糕

新鲜优质的当年晚粳米经过精心的选料，高压蒸汽蒸熟，米香浓郁，几千次的人工反复捶打，才会有纯正的口感，细腻又耐嚼。捶打好的年糕经过晾晒后彻底凉透，便可以进行真空包装。

禹上年糕

后续在以碎米和米蛋白开发的基础上，逐步拓展至围绕米淀粉、米糠等原料的深度开发，充分利用稻壳、稻草、米糠等开发具有环保属性的产品，建立健全稻米产业链体系。

第三节　乡村品牌化推广

一、共享田园，模式创新，客户体验

为实现农产品的溢价，永安村以共享田园为基础，多元创新营销模式，不断扩大销售渠道。一是“认养田”，满足企业多元化需求。2019年，永安村创新发布“认养田计划”，以10亩田为1个单元，定价8万元，面向社会招募稻田认养，认养企业可以享受大米、大米衍生品、小型会议、精致团建等多种产品和多项服务。当年累积认养稻田280亩，新增认养收入224万元；2021年，认养稻田面积增加至500多亩，认养收入440多万元。二是“认养菜地”，实现家庭个性化供给。2021年，永安村采用全托管和半托管模式启动“菜地”认养项目，项目一经推出，就吸引了社会的广泛关注，先后有近80多户家庭成功认养，15平方米的菜地上，“认养者”可以云上体验从播种、育苗、生长、浇水到收获的全过程。三是“直播电商新零售”，破解产品走出去难题。通过举办“村播文化节”“书记直播间”“明星带货”“双11狂欢购物节”“盒马入驻”等新零售活动，2021年永安大米销售破千万元。

二、三产融合，数字赋能，全民参与

永安村利用地理区位优势和生态环境优势，着力打造数字经济产业，以“稻”为核，全民参与的一二三产业融合发展创新模式。一是数字农业强基础。2019年与阿里巴巴签订战略合作协议，2020年与阿里云、谷绿网络签署数字农业战略框架协议，同年，数字农业1.0版正式上线，该应用包含了“智慧大屏”“智慧认养”“智慧短视频剪辑”等功能，通过这套智慧农业系统，消费者可以实时查看农作物长势，认养企业也能在小程序里实时下单，全程可追溯，让消费者更放心，企业更省心。该系统让新技术在场景中验证、迭代、示范，推动永安稻香小镇农业向价值链中高端攀升，促进农业结构优化。二是三产融合促效益。不断挖掘地方特色文化，塑造空间节点，开展丰富的特色区域活动。除“开春节”“开镰节”等重点特色活动外，“禹上稻乡”坚持做到月月有主题活动，周周有体验项目。2021年全年累计接待游客13万多人次，直接带动农民增收650余万元。三是全民参与快发展。以盘活有限空间，优质资源共享的方式，积极鼓励本地村民和外来企业入驻稻香小镇，共同参与、助力“禹上稻乡”发展。先后引导支持了8户村民分别开办了“永安青黛工作室”“稻香茶庄园”“梅忠明家庭农场”“稻香书画院”“网红面馆”“心可轰趴”和“传统手工面”等。累计招引和签约了“浙江大学精准育种研究院”“浙江省中青旅”“谷绿农品”“新创原品”“狂客数字”“大农城”等31家单位入驻永安共同发展。

三、多元互促，共同富裕，村企融合

2019年，为做好“禹上稻乡”项目，由永安村进行组织化创新，设立村属企业杭州稻香小镇农业科技有限公司，2020年招聘农村职业经理人，专业化运营“禹上稻乡”项目。通过数字化赋能产供销全产业链，不断提升亩均收益和产品溢价。随着项目创建深入邀请浙江大学农业品牌研究院进行品牌规划，以品牌引领一二三产业融合发展，达到生产、生活、生态的“三生”融合发展。

2021年永安村启动“全民素质培训计划”，2022年成功申报浙江省第二批未来乡村创建村，在全体村民素质提升和未来项目支持之下，永安村将“以党带村、以村领企、以企助村、村企融合”模式，继续深入围绕乡村振兴战略，通过党建引领、多元共促，为率先探索建设共同富裕美好社会提供更多路径。

案例

网红“米多多”出道记

出道人：米多多（“禹上稻乡”农副产品网红代言人）。

出生地：浙江省杭州市余杭区永安村“禹上稻乡”。

出道日期：2022年6月12日（“禹上稻乡”插秧节）。

外形特征：通体为象征丰收和稻作文明的米白色，头上有一棵寓意着希望的胚芽；手持象征华夏农耕文化的耒耜。

“米多多”LOGO

性格：凝聚了数千年来余杭稻作文明的敦厚气质亦具有余杭特有的灵动与俏皮。

爱好：热爱家乡，非常好客，对老余杭的历史文化和风俗美食了如指掌，最爱带游客逛遍余杭的角角落落、吃遍老余杭的烟火美食。

耒耜奇遇：米多多曾协助路过余杭的大禹治理水患，因此手上一直持有当年大禹赠予的耒耜。

大家好，我是米多多，看了上面的介绍相信大家对我也有了一定的了解。作为刚刚出道的新星，我想给大家讲一讲我是如何从一颗白白胖胖的大米到成功给当地农民伯伯增收致富最后顺利出道成为“网红代言人”米多多的故事。

我的前身只是稻田间一颗普普通通的白胖大米，在余杭街道苕溪以北近3万亩的永久性农田保护区生活。为破题永久性农田保护区实现乡村振兴共同富裕新路径，余杭街道党组织的叔叔阿姨们潜心打造“禹上稻乡”品牌，以永安村为核心地块试点，也就是我现在所处的位置，逐步拓宽辐射半径。联合阿里云、谷绿农业、苕溪以北8个兄弟村还有各认养单位党组织，建立的“聚耀禹航”乡村振兴党建联盟，不断为提升我的经济价值出谋划策。

首先摆在眼前的问题就是“整合”，如何将“良田”变“富矿”，街道党组织的叔叔阿姨们创新土地利用方式，建立科学合理的土地规模流转机制，在充分保障农户利益的基础上，综合土地质量、区域位置等因素对土地评定等级，根据等级确定土地流转价格标准，进行新的农田资源整合。同时，为了高效用好资源、提升亩均收益，将农田资源推向农业企业、专业大户、农民专业合作社等新型种粮主体进行集中种植，创新推出“聚耀禹航”党建联盟苕溪以北8个村经济合作社共同出资入股，并引入职业经理人进行统一运营。并且，通过因地制宜编制高标准农田建设规划，从农田灌溉设施、田间道路、田间输配电设施和耕地质量提升等方面改造高标准农田基础设施。截至2023年，“禹上稻乡”区域共实施农田改造4000亩，改造排灌沟渠约20000米，整修机耕道路8000米。

硬件配齐了，软件得跟上强化支撑。校地党建联盟“帮帮团”们不断为我的成长输入智力支持。为了提高粮食产量，浙江大学农业与生物技术学院在核心区永安村设立教学实习基地，引进高科技改良品种推广种植技术。在经过了389次的前期试验，精选了8种优质大米品种，凝聚中外农业科技和行业专家的心血，以及来自日本国立农业与食品研究所的技术支撑，我成功问世！口感紧实Q弹、光亮透明、色泽均匀、味道清新、糯而不黏、吃到嘴里回甘明显，大家都对我赞不绝口！

在大米领域专业评分体系“食味值”检测中，我的得分有80分呢，比知名的“五常大米”和日本进口的“越光大米”都要高！而且在问世不久后，我就获得了“浙江好稻米”评比的金奖。高食味值可不仅是因为优越的自身条件和顶尖的农业科技，更要感谢“聚耀禹航”党建联盟的成员阿里云，因为有他们的IOT技术全程智慧种植溯源技术加持，才能确保我在成长过程中得到全周期的监测，并且通过链路溯源，每件销售出去的产品从种植、加工、生产、包装等全环节均可以实现一码溯源、一码印证，让大家买得安心，吃得放心。

酒香也怕巷子深，联盟的叔叔阿姨还为我搭建平台，依托电商资源，在2020年“双十一”，我首次参加年度电商盛世。作为新晋品牌，我以“黑马之姿”在当天实现商品交易总额445.3万元，荣登天猫粮食类目第一名，单日超过永安稻香小镇2019年全年销售额。以销售量统计，合计预售出3720亩、累积111.6万千克大米，相当于助力当地农民人均卖出1亩地的产量！这样的成绩让辖区的农民伯伯都笑开了花，纷纷称赞我是个小福星。

“米多多”文创IP

酝酿许久，成绩显眼。终于，在2022年6月12日的“禹上稻乡”插秧节启动仪式上，我作为品牌和农产品赋能增值的文创IP顺利出道啦！无独有偶，我的好多兄弟姐妹，有娘娘山鲜笋、大谷茶叶、仙宅里蓝莓、溪塔边玉米、禹上稻乡米、洪桐家酿酒、上湖中华鳖、永安紫米糕，他们共同组成了一个“出类八萃”产品礼包，汇集了“聚耀禹航”党建联盟中8个村各自的特色农产品。产品一上架，就带动涉农企业、家庭农场、种养大户24家实现100多万元销售收入。

为了拓宽销路，我们借助互联网平台，在天猫、盒马鲜生等进行销售。同时乘上农文旅融合发展“快车道”，打造“开镰节”“丰收月”等特色活动品牌，建设共享小院、亲子乐园、稻鱼共养基地、酿酒体验工坊等乡村娱乐阵地，丰富环保创意秀、稻香科技艺术节、稻田婚礼、田园间的民谣、草垛乐园、稻垛集市等游玩形式，鼓励农民发展民宿、农家乐等生态经济，通过开展特色采摘、农产品DIY等体验活动实现农文旅融合发展，促进农民在“家门口”增收致富。2021年，“禹上稻乡”接待游客13万人次，带动周边农户增收850万元；村级集体经济逐年增长，核心区块余杭区永安村从2018年的56.85万元增长到2022年的505万元。不久前还发布了全年抖音“乐享禹上”计划，以“抖动余杭十二季”，打造出抖音本地生活“乡村版”，并推出稻田研学“四大主题”学以及“四条线路”游，实现每周研学课程全覆盖，不断提高“禹上稻乡”知名度，为我的成长装上新引擎。

乡村振兴的路径经过探索不断明晰起来，我作为“禹上稻乡”的代言人，从一粒普普通通的白胖大米摇身一变成为当地农民伯伯增收致富的网红米多多，接下来我会在党建红盟的合力推动下，陪着农民伯伯在乡村振兴的共富大道上全速前进！

X I A N G C U N Z H E N X I N G

第五章　永安村带动周边村庄发展

永安村是一个纯农业大村，耕保率达 97%，基本农田 5400 亩，围绕建设数字农业的样板田，开展"企业认养稻田"项目，创新发布"认养田计划"，开启了认养稻田这种全新的种植模式。"禹上稻乡"联合体涵盖永安村、上湖村、义桥村、溪塔村、竹园村、洪桐村、下陡门村、仙宅村 8 个行政村，项目启动以来已完成搭建组织架构、成立运营公司、建设小微业态、举办系列活动、推广认养产品、品牌推广营销、数字赋能农业、推动校地合作等一系列工作，成效显著。

第一节　永安村发展现状

永安村位于杭州市余杭区余杭街道苕溪以北，紧邻良渚古城和未来科技城，距离杭州市中心 25 千米；全村区域面积 7.092 平方千米（其中农田 5259 亩、水域 984 亩、林地 96 亩），下辖 30 个村民小组，共有 889 户农户，总人口 3158 人，永安村是一个纯农业大村，耕保率达 97%，基本农田 5400 亩，稻作文化久远。

也正是受到基本农田和非常用蓄洪区的制约和影响，永安村以往仅仅依靠水稻种植，效益很低，基地经济和村民收入都比较薄弱。2018 年在余杭区农业农村局和余杭街道办事处的大力支持之下，开始谋划“永安稻香小镇”希望通过项目打造让永安村更好发展，邀请浙江大学 CARD中国农业品牌研究中心给“永安稻香小镇”编制了品牌规划，在规划中给永安稻香小镇的定位是一二三产业融合，并提出了“稻色新，永安心”的响亮口号，以及“阿里以西十分钟”的副口号，这是永安村开启乡村运营的第一步。

2019 年永安村成立了一家村属企业，它叫“稻香小镇农业科技公司”，这也是永安村组织化创新的开始。村属公司成立以后，2020 年永安村在余杭区农业农村局支持之下面向社会招聘农村职业经理人，引进专业人才运营乡村，2022 年永安村又在余杭街道的支持下，在全国首创了乡村人才引进的“乡村造梦师”计划，当年招聘了 8 名“乡村造梦师”。村公司的成立和人才的引进，为盘活、整合村域内的闲置资源和特色资源，促进村集体经济的壮大打下了发展的基础。稻香小镇公司通过专业化、平台化运营，围绕“现代农业、农业旅游、乡村社区”三大产业定位，同时运用数字赋能等手段，强村富民成效显著。2019—2022 年永安村集体经营性收入每年翻番，2019 年村集体经营性收是 73.46 万元，2022 年达到了 505 万元；村民人均收入年均增幅超过 15%，2022 年达到了 5.98 万元。由一个经济薄弱村变成了名副其实的共富村。

以“稻”为基、以“创”为核。永安村围绕水稻这个基础产业，通过创新创业这个核心驱动，化劣势为优势。不断促进村强民富、乡村和美。2021年，永安村推出余杭街道区域公用品牌“禹上稻乡”，除了服务永安村外，还服务余杭街道城北8个村的品牌。

永安村围绕建设数字农业的样板田，开展“企业认养稻田”项目，创新发布“认养田计划”，开启了认养稻田这种全新的种植模式。10亩作为一个认养单元，每年认养费用8万元，永安村给到认养企业88000的认养积分，认养企业可以使用积分在禹上稻乡消费，包括大米，以及周边8个村特色农副产品，积分也可用在企业的会议和团建的消费上。

稻田小故事

故事一：教授的新品种

浙江大学知名教授吴殿星2019年给永安带来了新品种‘软香2号’，因为这个品种还未登记，种粮大户郑民隆并不了解它。所以见到‘软香2号’郑民隆第一句话就是这个品种产量多少？吴殿星教授告诉郑民隆500千克多点，郑民隆笑笑离开。他已经有30余年水稻种植经验，在永安他随便找个品种产量都有750千克。种粮大户对优质水稻产量的担忧让‘软香2号’迟迟不能种下，在村里工作人员的多番劝说之下，吴殿星教授推荐的‘软香2号’才下了田。现在品质出众的‘软香2号’通过品牌化打造亩均产值已经由传统水稻的每亩2000多元，提升到每亩6000多元，产值实现翻三番，还获得了浙江省好稻米金奖。

故事二：老党员土专家

1982年，年仅22岁的姚凤贤开始进入村委工作。由于踏实肯干，1985年7月就加入共产党，成为一名光荣的共产党员。从1998年11月任姚村（2003年并入永安村）村主任，就开始负责整个村的农业技术和生产，一直到2017年退休。和水稻打了这么多年交道，却没有种一块自己的田。随着“禹上稻乡”项目的发展，越来越多的新品种、年轻人的加入，激发了姚凤贤的年少梦，通过投标获得了500亩水稻田的经营权，重新开始了种植水稻的工作，同时服务禹上稻乡的种粮大户。不知疲惫的老党员姚凤贤与“禹上稻乡”一起共筑乡村振兴之路。

故事三：认养田共富路

2019年永安村创新推出“企业认养稻田”项目，创新发布“认养田计划”，以10亩田为1个单元，定价8万元，面向社会招募稻田认养，认养单位和个人可以享受大米、大米衍生品、小型会议、精致团建等多种产品和多项服务。由于知名度不高，推广举步维艰。找到余杭商会，余杭商会也抱着试试看的态度认养了10亩田。稻谷收获后商会收获的不仅仅是大米还有蔬菜、菜籽油、年糕等，永安村还特意改建了2栋民宿取名叫“共享小院”给余杭商会和其他认养企业共享使用，让余杭商会感受到在“禹上稻乡”不仅仅有块田，还有个农文旅融合一体化的“农场”。余杭商会不断把在永安的收获分享给其他企业。2020年启用数字化认养，有效增加认养企业便利性。2022年，认养稻田面积增加至650亩，认养收入超500万元，每亩年收入较传统水稻种植提高4倍。现在已经有58家企业认养超过650亩稻田。

2021年4月，禹上稻乡采用全托管和半托管模式启动“菜地”认养项目，项目一经推出，就吸引了社会的广泛关注，先后共计100多家企业、160余人认养菜园，共享菜园的客户可获得荣誉村民证书。在15平方米的菜地上，“认养者”可以体验从播种、育苗、生长、浇水到收获的全过程。每亩菜园年收入达40000余元，比传统种植水稻增收20倍。

永安村围绕共同富裕创设的“禾美永安，稻梦未来”党建品牌。永安村发展的“十年蝶变”。

2003年：永安村、姚村、下木桥村三村合并为永安村，开启全村资源整合。

2010年：力争水稻高产田创建示范。

2015年：成立永安村永久基本农田保护区，流转金额为800元/亩，全村流转面积为200亩。

2016年：依托网格化管理耕地保护模式，推行“田长制”，全国永久基本农田划定工作现场交流会在永安村召开。

2017年：开启土地全域流转，土地流转面积增至1000亩，流转金额提升至1200元/亩。通过土地流转和厂房土地租赁，村集体经济增加至20万元，村民人均收入不足3万元，仍属于经济薄弱村。

2018年：以“稻”为核心产业，启动“禹上稻乡”项目建设，联动苕溪以北8个村71.8平方千米区域，推动“美丽乡村”蝶变“美丽经济”。当年村集体经济收入达56.85万元。

2019年：成立杭州稻香小镇农业科技有限公司，这是一家100%村集体控股的企业。

2020年：10月，招聘农村职业经理人刘松和专业团队，引入市场化运作机制，村民变股东，创新发布“稻田认养计划”。启动“数字农业”建设，以客户视角数字化打造销售、体验、产品等全产业链，让数字为客户和生产者赋能。这一年，永安大米也入驻天猫、盒马鲜生等平台。

2021年：入围第二批省级“未来乡村”创建村、杭州市首批未来乡村创建村，细化“未来乡村”任务清单。启动“菜地”认养项目。村集体收入为315.14万元，村民人均年收入增至5.69万元，实现“三级跳”。

2022年：入选杭州首批共富村，并在余杭街道的组织下连片溪塔村、洪桐村、下陡门村成功申报2022年未来乡村示范带项目。

2023年：永安村开启了以“稻田游学”为主线的农文旅融合发展道路，发布有余杭风味的“出类八萃”特色农产品。

第二节　周边村庄发展现状

一、上湖村

上湖村位于余杭街道西郊，南邻碧波荡漾的南湖，北靠大禹治水登陆的舟枕山，是一个湖光山色的美丽村庄，更是名副其实的鱼米之乡、丝绸之府、瓜果之地、文化之邦。上湖村于2003年由原来的上湖、安山、七里三村合并而成，现全村区域面积为7.99平方千米，下辖6个网格支部，173名党员，23个村民小组，1017户农户，常住人口3645人。现有耕地3539亩，林地5511亩，全村共硬化道路5万多平方米，全村建有休闲健身场所8个，村庄绿化面积2.5万平方米，新建公厕3座，主要道路全面实行亮灯工程。2018年，全村总经济收入达549.64万元，农民人均收入38534元。

上湖村以其特殊的地理位置和地质构造，形成了丰富多彩的地质景观和目不暇接的生物生态。大自然的神工巧匠，铸就了娘娘山、安山等一大批自然景观，境内山水如画，钟灵毓秀，景色宜人，美不胜收，众多自然景观和人文历史景观交相辉映。

上湖村交通便捷，环境优越，物产丰富。科技大道、彭余公路穿境而过；余杭汽车西站、上湖加油站，前后相拥；南湖天下房产拔地而起，农居点错落有致。在广袤的山水田地中，孕育出名茶、苗木、竹笋、甲鱼、蜂蜜等名优农产品。

上湖村非物质文化遗产底蕴丰厚，有青石板铺就的千古澄清巷；有清末四大冤案之一的杨乃武墓；有“杭徽古道”之称的张家埠；有“凌统墓”“路音皇帝”“施谷庙”“红亭子”“狄公山”“白鱼亭（殿）”“见山池”“烧蚕子”“洛阳桥”“荷叶地”“叫花池”“新庙”等众多美丽的传说。

二、义桥村

义桥村隶属余杭街道管辖，位于余杭街道办事处驻地西北6.5千米处，东连洪桐村，西接竹园村，南临上湖村，北界仙宅村。现整村区域面积9.73平方千米，由高家村、汪家、塘东畈、三里铺、磨子山、义桥、王家山、康村、郎宅、蔡家桥、西杨梅岭、王家台门、喻家、冯家头、何家、新庵前等16个自然村组成。村下辖29个村民小组，5个网格，7个网格党支部，1168户农户，常住人口4170人，外来暂住人口5200余人，182名党员。

义桥村村口

全村有耕地459公顷，山林433公顷，有水库5座，以种植水稻为主，兼营竹笋、水果、茶叶。境内有义桥工业园区，以制造业、制鞋业、橡胶制品、体育用品、餐饮业等行业为主。有小学、幼儿园、卫生院、农家书屋、文化礼堂等场所。有竹笋、茶叶、樱桃、番薯片等土特产品。义桥村交通便捷，环境优越，物产丰富。湖杭高铁、绕城西复线、G235国道、S15省道、舟青公路穿村而过，通465路、479路、2489路等公交车。

2003年开始，余杭街道义桥工业园区建设如火如荼地开展，目前工业园区面积近2平方千米，入住企业222家，并列入未来科技城发展区块。

淳朴厚道的义桥人，用勤劳的双手，绘出了一幅幅美丽的画卷，创建了一片片崭新的天地，先后荣获浙江省卫生村、浙江省善治示范村、浙江省全面小康建设示范村、浙江省级生态村、浙江省级整治示范村，杭州市农村基层党风廉政建设示范村、获杭州市“文明村”、杭州市标兵村、杭州市社会主义新农村建设“标兵村”、杭州市五星级村等多项荣誉。

义桥村一角

义桥村冯家头

三、溪塔村

舒公塔位于杭州市余杭街道塔溪村东，南苕溪北岸。舒公，明万历年间（公元 1573—1620 年）县令舒兆嘉，塔系舒公守余杭时所建，故名舒公塔，俗称地宝塔。通高 27.46 米，塔基宽 5.7 米，底层直径 3.9 米，塔内中空，一至五层原有木质阁楼，沿壁有木梯可攀登，是古镇余杭的地标性建筑。苕溪南之安乐山顶上为安乐塔，俗称天宝塔，双塔隔溪遥相对峙，镇锁着苕溪这条桀骜不驯的蛟龙，放眼望双塔，对影映苕溪，形成“双塔耸秀”，为余杭古镇一景。

溪塔村舒公塔

在余杭街道溪塔村，来到南苕溪边的绿道上，有一棵树龄 315 年的老樟树，这棵大树格外显眼，它远离闹市区，就这样静静地伫立在这里见证着城市的变化。老樟树将自己分成了两部分，一侧探向溪流，似乎想要汲取水源；另一侧伸向路边，常年为路人提供荫蔽。

景点位于余杭区溪塔村，有一条废弃的铁路，从南向北，右手边是村庄、稻田，左手边是苕溪，堤坝很长，绿油油的草随风飘动，走在废弃的铁路，一眼望过去没有尽头。这边也很适合看日落，和以往在山顶看到的日落不一样，慢慢地由灼红变淡，最后隐入云层不见。很适合在这里和朋友们一起吹吹风散散步，当然一个人也很有意思。

土桥湾老铁路

创新打造“AI溪”乡村微脑平台，实现“四治融合”乡村智治。实现资源融合。通过平台可以实现“一屏观全村，一网管全村”，工作效率显著提升。实现数据融通。接入治安、信访、智慧乡村等数据库，整合村庄概

溪塔村乡村“微脑”平台

况、人口数量与房屋信息、农业企业情况、重要道路监控、信访矛调等信息，数据共享更加高效。实现效力融智。“微脑”后台精准描画，集成共享农村综合治理数据，推动“微脑＋手脚”治理。利用“监控布点＋视频巡逻”，对辖区内铁路涵洞等地质灾害点、积水易发点等区域实时监控，助力防台防汛工作。

开笔求勤奋，习礼正品行。溪塔村以庄重的礼仪来为孩子们启蒙，让孩子们从“游学合一”到“知行合一”，同时也让孩子们学会感恩先师，彰显孔子至德，充分了解中国传统文化，增强了孩子们的传统文化底蕴。

四、竹园村

竹园村位于余杭街道西面，毗邻青山湖科技城，南至东苕溪，西至临安区，拥有丰富的山林资源，森林覆盖率达95%，原生态环境优美，山清水秀，风景秀丽，环境优雅。竹园村交通便利，科技大道穿村而过，绕城西复线余杭西出口位于竹园村。全村区域面积16平方千米，下辖24个村民小组，6个网格支部，总户数1120户，总人口3829人，党员161人。在2003年由竹园、丁桥、白玟三村合并而成，辖区内有卫生服务室、老年活动室、休闲公园、健身苑、灯光篮球场等，服务设施完善，服务功能齐全。近几年竹园村先后获得2008年市级文明村，2010年余杭区村（社区）文明信访接待室，2011年省级卫生村，2015年村集体经济发展先进单位，2018年余杭区健康村，2019省级体育小康提升村，2020年省级慈善村、余杭区美丽庭院示范点、垃圾分类余杭区级示范村、杭州市垃圾分类示范村、余杭区无烟村社、余杭区高质量就业村，2022年浙江省善治示范村。

竹园村立足“茗茶听竹　康养福地”定位，竹园村大力鼓励发展茶产业，依托余杭茶叶合作社，因地制宜，探索农民增收的新路径。通过“党建＋N”模式聚力产业发展、便民服务和智慧治理，焕发出产业兴旺、百姓乐业、生活富裕、村庄整洁新气象。

特殊的地理位置和地质构造，形成了丰富多彩的地质景观和目不暇接的生物生态，铸就了娘娘山、里山坞等一大批自然景观。交通路网便捷，科技大道穿村而过，绕城西复线设有竹园出口。在青山绿水间，孕育出名茶、苗木、竹笋等名优农产品，其中娘娘山名茶在第二届“中茶杯”全国名茶评比中，荣获特等奖。

（一）完善组织运行体系

将党组织、党员骨干、群团队伍紧密联结起来，建立小组分工协作机制，把“四治融合”作为工作的出发点和落脚点，从谋事、议事、干事三个方面形成工作闭环，逐渐完善组织运行体系。

（二）营造学法守法用法氛围

一方面倾力打造高星级党群服务中心、文化礼堂、老年活动中心、妇女之家、儿童之家等活动阵地。另一方面，组建“五会”组织，打造“六个一”主题活动，广泛开展普法宣讲、典型选树、素质培训、文明实践等活动，让新风正气“落户”竹园，引导大家见贤思齐。

（三）实施多样智治形式

充分利用现代信息技术开展“四务”公开、信息化监管和服务、宣传教育培训等工作，通过电子屏、农民信箱、微信公众号等，探索实施多样化智治形式，不断提升村民获得感和幸福感。

五、洪桐村

洪桐村位于余杭镇苕溪以北余永公路边，由原木桥村和洪桐村于2003年9月合并而生，地处东苕溪上游，南邻科技大道，15条省道穿村而过，全村区域面积5.5平方千米，共有21个自然村组成，设立25个村民小组，农户数813户，常住人口2900人，外来人口近1000人。

目前，全村共硬化道路5万多平方米，共投入资金320余万元。盘活存量土地，建造标准厂房4360平方米，投入资金380万元，并投入80万余元新建商业楼、老年活动中心、村会议室、体育活动室、图书室。全村共有休闲健身场所7个，村庄绿化种植2.5万平方米，新建公共厕所2座，路灯亮化等工程。全村经济收益18236万元，人均收入10957元。

2012年，洪桐村完成“清洁绿化健康文明”重点提升村创建，进一步提升了村庄环境面貌，2013年将再接再厉，奋发向上，努力完成杭州市美丽乡村精品村创建工作。

2021年12月，洪桐村被命名为2021年浙江省卫生村。洪桐村前后获得“浙江省全面小康建设示范村”“清洁余杭示范村”“五好党支部”“星级村”“杭州市卫生村”“先进基层党组织”“杭州市绿化卫生村”“区文明村”“余杭区生态村”“杭州市畜禽生态示范点”等称号。

（一）主要农产品：水稻、丝瓜

水稻种植面积约4000亩，由7个种植大户承包；丝瓜种植面积约200亩，约20多个种植户，年均亩产值3万~4万元，收益1万~2万元。目前市场上受欢迎的丝瓜新品种为八角瓜，经济收益比现在的长条瓜好，但是由于缺乏销售渠道且种植户普遍年纪偏大，不愿做改变。

（二）酿酒文化

自家酿的有米酒、烧酒，每当秋收后，农户都会叫上酿酒师傅，准备好新收获的糯米，在自家院子里酿酒。有自酿的米酒，产酒之后，剩下的可以做酒酿圆子。酿烧酒的，只要一开酿，整个村庄的人都会过来看看，一边品尝下新酒，一边品论今年的酒品，还会闲聊今年的农田收成，谈论着“美丽余杭”的村庄建设，孩子们则是聚在一起嬉闹，整个村庄飘逸着酒香的幸福感。

（三）国术拳灯

洪桐村的国术拳灯是从前远近闻名的传统武术。

六、下陡门村

（一）地形地貌

下陡门村位于余杭街道的西北部，南临南湖，北靠北湖，犹如一颗璀璨的明珠，嵌镶在两湖之中，故有中湖之称。境内杭暄铁路穿村而过，多条公路连接八方；有中苕溪、北苕溪、横港等多方活水汇聚；有妇孺皆知的仇山。

仇山，海拔102米，中苕溪改道之后，坐落在南苕溪与中苕溪直接，与北湖泄洪区只隔了一条中苕溪。

下陡门村水系发达，早先就是一个水路集散中心，由于水乡，辖区地势较低，平均海拔只有2.2~3.5米，以前常年洪水泛滥，当时曾有人编了“落雨起泡泡，大水没过腰；洪魔常发飙，十年九年涝……”的顺口溜。

(二)气候、生态环境

下陡门村与著名的北湖草荡仅一中苕溪之隔。古代的北湖草荡既叫天荒荡，又叫仇山草荡。草荡面积，据《北湖图注》的湖界推算，4.8万余亩。如今的下陡门村，其实就是勤劳勇敢的先民们在草荡的湖面、湿地上，“筑坝占垦，庐舍桑麻，俨成村落”之后，逐步形成的。

湖面、湿地建成的村落，加上两溪相夹，天目山每发洪水，首当其冲成涝受灾，庄稼毁灭，家园吞没。1956年、1963年、1996年、1999年就遭受了四次特大洪涝灾害。

(三)资源情况

自然资源：仇山(仇山为地质灾害区域，曾发生“6·18”事故，开发难度大)。

产业资源：主要是以水稻和养殖业为主，有稻田3750亩(稻田连片)，此外还拥有一百多亩葡萄园(以种植为主采摘较少，目前已无)。

旅游资源：有背包客进入仇山游玩(未来开发有风险，地质灾害)。

区域优势：未来发展民宿有空间，空置及闲置民房。

(四)村史

下陡门村隶属余杭街道管辖，村委驻徐家57号，在余杭街道办事处驻地北6.5千米，全村面积7.4平方千米，东连永安村，南接洪桐村，西至仙宅村，北邻瓶窑镇。下陡门村因村内有陡门而得名。

1961年9月属永建人民公社管辖。1984年1月，原陡门、港罕、仇山生产大队分别改为陡门、港罕、仇山村。1992年5月，永建、舟枕归属余杭镇，陡门、港罕、仇山村3个村均属之。2003年9月，由原陡门、港罕、仇山3个村合并为新的下陡门村，成为现在的规模。

全村有耕地306.53公顷，鱼塘17.53公顷，茶园4公顷，山林124.4公顷，排涝机埠3座，永久性渠道22千米。老年活动室3处，建筑面积约300平方米，健身园地5处，占地6000余平方米。全村覆盖农村电网、自来水、有线电视、宽带等设施，村内注意干线道路硬化率100%。

目前，全村农户752户，常住人口2419人，党员134人，村民代表57人，本科及以上学历人数约200人。

近年来，下陡门村荣获第四批全国人口计生基层群众自治示范村（居），浙江省卫生村，浙江省人口和计划生育基层群众自治示范村，杭州市第三次全国农业普查先进集体，杭州市新型生育文化建设示范村，余杭区信用村，余杭区计划生育优胜单位，余杭区庭院整治示范村，余杭区充分就业城区工作先进单位，余杭区示范家长学校，余杭区余杭滚灯操比赛优胜奖等荣誉称号。

（五）重大工程

1.兴建排涝机埠

经过1956年特大洪水的洗礼，1961年8月，在上级的步骤下，兴建下陡门排灌站，1962年8月竣工。该排涝机埠有18台80千瓦的机组，属当时余杭县容量最大的一座排涝机埠，守护着永建和舟枕两片区35平方千米人群、庄稼的安全，受益农田1300余公顷。

随着余杭街道水利设施的不断完善，2017年，异地新建了一座排涝机埠，并在2019年汛期前竣工使用。新的下陡门排涝机埠位于永丰港上，距离中苕溪300米。整个泵站共有6台立式轴流泵，设计总排涝量每秒30立方米，总装机流量2400千瓦。设计以永丰港上的洪桐村作为泵站调度运行的控制点，当洪桐村水位高于2.7米时，关闭闸门，开启下陡门排涝泵站，并视降雨强度逐步加大泵站流量，以尽可能将圩区积水排入中苕溪。新下陡门排涝机埠的建成，将进一步完善永建圩区排涝格局，提高区域内的防洪减灾能力，提升永建圩区的排涝能力，满足经济社会发展的需要。

2.建设美丽乡村

2018年，余杭街道启动了苕溪以北8个村美丽乡村建设工作，其中下陡门村被列为区美丽乡村第三批创建村。下陡门村围绕“一溪、一港、一山”进行了势如破竹的建设，将“美丽乡村”创建与生态环境相结合，挖掘生态之美，塑造乡村之特。阳光、微风、小院、稻香，这里美成了一首恬淡而又安逸的田园诗。

建设以陡门港为美丽乡村主轴，对两侧新塘组、吴家组、徐家组进行全面提升改造示范，依托千亩农田、精品农业，打造栖水田园农耕型村落，扎实推进基础环境整治、道路交通建设、美丽庭院建设等重点工作，促进全村美丽乡村建设深入开展。通过建设，面貌焕然一新，一进下陡门村，就能与那流动的田野秋色来一场美丽的邂逅，晓起推窗，便见花草繁盛；漫步乡间，即听风吹稻田。步入下陡门村内，村舍错落有致，庭院屋内干净整洁，一抹金色稻田由近及远，缓缓铺开。

3.治水

30多年来，当地政府和广大群众投入了大量财力物力兴修水利，让村内的中苕溪改道，从仇山南改到山北，溪直了，流畅了，堤塘更牢固了，不仅减少了洪水的威胁，还多出了不少溪滩、港湾、河汊，为以后的复耕造田创造了条件。

2017年，异地新建排涝机埠，6台立式轴流泵，设计总排涝量每秒30立方米，总装机流量2400千瓦。提高了防洪减灾能力，也满足了经济社会发展的需要。

水患，渐渐成为下陡门村的历史。但是，丰富的水资源，带来了繁荣的养殖业。而养殖业的过度发展，也造成了环境的污染。

因此，这里的新农村建设，其起点都在“治水”上。2013年起，村里为了保护水资源，改善生活环境，保障饮用水取水安全，启动了污染型畜禽禁养工作。全村有90户畜禽养殖户，其中42户是养鸭户。养殖户高国富曾经养过17000只鸭子，禁养期间拆除了1200平方米鸭棚，回填了210亩养鸭池塘。现在的下陡门村，早已闻不到鸭粪的臭味了，呈现出一派山青水美的秀丽风光。

下陡门港全长3.5千米，经过清杂、清淤、禁养、拆违和建设游步道、健身点、亲水平台等，荣获2018年度余杭区“最美河道”。整洁的乡村道路，河水清澈见底，水上绿植整齐生长，河里小鱼游来游去……行走其间，一幅幅乡村美景呈现在眼前。

4.“旱改水”

2014年7月，下陡门村（徐家）“旱改水”耕地质量提升项目。该项目是浙江省第一批“旱地改水田”耕地质量提升示范项目，建设总规模498亩。主要建设内容为：土地平整工程及田间配套工程等，土地平整工程指田埂修筑、石坎砌筑及田面平整等；田间配套工程指涵管、集水井、下田坎等，总投资1437.0596万元。

整治后，农田水利基础设施条件和耕地质量得到大幅提升。斗门畈500亩风光区块通过土地统一流转，实现了田园美化、彩化、田园风貌成景，农业增效农民增收。

（六）产业情况

历来以种稻、养鱼、养蚕“一种两养”为重点。当时，在村里曾有“吃饭靠种稻，荤菜靠养鱼，经济靠养蚕”的说法。尤其是蚕桑，闻名遐迩，当时的房前屋后、路旁地角都种满了桑树，家家养蚕，户户做丝，鼎盛时，桑园面积达1000多亩，饲养蚕种1000多条，制作的“清水丝绵”远销杭州、上海等大都市。不难看出，下陡门村是一个名副其实的鱼米之乡、丝绸之府、瓜果之地、文化之帮。围绕“水乡”环境特色、传统产业特色、文化特色，发扬“鱼鹰精神”，以“江南水韵、美丽陡门”为定位，用遇水架桥、滴水穿石的恒心，全力打造集党建文化、乡村旅游、休闲健身、传统文化、产业发展于一体的美丽乡村精品村。

（七）文化情况

1.红色文化

村内的仇山颇有“异军突起”之势，原以晋代太守严晁葬此得名严山、太守山。相传有二白鹿夹守严晁之墓，又称白鹿山。

仇山和山下的中苕溪主流仇溪，均因有仇王庙得名。南宋《咸淳临安志》记述，仇王庙“庙垣周围七里，约高一十丈……绍兴二年县令张承嗣重建。”清康熙《余杭县志》记载，明洪武八年又重建仇王庙。仇王庙奉祀何方神圣，明代时已莫考其详。嘉庆《余杭县志》载，其山有废堞周绕，俗以为仇王故城。

唐长庆三年（公元 823 年）八月，杭州刺史白居易（公元 772—846 年）因仇山一带虎患，写下《祷仇王神》一文，遣余杭县令常师儒前往祈求仇王神驱虎。

山不在高，有仙则灵。这座小山有着众多神奇又秀丽的传说。相传，仇山有十八样宝，即金凳子、金桌子、金碗、金筷子、金石蛋等。不过它深藏的白泥是真真实实、众所周知的，在有关白泥的记载中，曾有“南有杭州仇山、北有辽宁黑山”的说法。当日本鬼子盘踞仇山时，将大量的白泥用船只从仇山通过瓶窑运到杭州，再从杭州用火车运到日本。解放初期，当时的余杭县委组织 18 名职工开始到仇山开挖白泥，之后就有了白泥矿的说法，后来，该白泥矿成了当时余杭县的企业“老大”。

有资料考证，抗战时期，日本侵略者曾占领仇山，凶恶的鬼子强压百姓修碉堡、挖战壕、挑水、扛食品，并在仇山狮子头下面的山上挖了一个千人坑，用来专门抛丢被杀中国人的尸体。在三四十年前，当地村民上仇山时，还捡回不少日本鬼子丢弃的食用铁罐头。如今，三个碉堡的座基还在，与老余杭城区狮子山的碉堡相望，仇山成了“有图有真相”的爱国主义教育基地。

2.抗洪精神

水能滋润禾苗、造福人类，也能毁灭庄稼、吞没家园。在 20 世纪，下陡门村遭受了1956年、1963年、1996年、1999年等多次特大洪涝灾害，尤其是 1956 年那次洪涝，80%以上的农家都进了水，长辈们一直记忆犹新，难以忘怀。随着余杭街道水利设施的不断完善，2017 年，异地新建了一座排涝机埠，并在 2019 年汛期前竣工使用。新的下陡门排涝机埠位于永丰港上，距离中苕溪 300 米。整个泵站共有 6 台立式轴流泵，设计总排涝量每秒 30 立方米，总装机流量 2400 千瓦。

现在的下陡门村与著名的北湖草荡仅一中苕溪之隔。因此，古代的北湖草荡既叫天荒荡，又叫仇山草荡。北湖原系天荒废田，故称“草荡”。唐宝历中（公元 825—827 年）县令归珧鉴于三苕之水流湍急，创议开辟，湖成而身殉，世称归珧誓死筑湖。

3.文物古迹

（1）仇山。

出余杭街道北门，约5千米，有一座小石山，名曰仇山。山上竹木茂盛，山的东面山势平坦，山的西面悬崖峭壁，主峰高不过百余米。据传原来此山是径山寺院门前的一只管门狗，因为寺中有个和尚与外界一女子有私通，常常深夜出没，讨厌狗多管闲事，和尚恼怒之下，决定将狗驱赶出寺。

相传，很久以前，人们在这里耕耘种地、养蚕经商，是个繁华的集镇。有一天深夜，天空突然乌云密布、狂风四起、电闪雷鸣、大雨倾盆，第二天早上人们发现集镇没了，眼前只是一座山，山脚下已血流成河，因而取名仇山。

站在南苕溪西险大塘上，举目眺望仇山，它像一只侧卧在地上正在给狗崽们喂奶的母狗，依然在远远的地方守护着径山，所以又称"狗山"。

山的东面山腰间有一个洞，人称"朝阳洞"。洞不高也不深，不知哪个朝代有一个反王，带着兵马，占洞为王，自封九千岁，可是没过多久，就被镇压了，洞中还有一个泥塑的"送子娘娘"，每逢农历初一和十五，大家都要到洞里点烛烧香，祈求平安，尤其是一些不育妇女，只要点香祷告，就会很快怀胎生子。

山脚下有个水潭，面积10多平方米，水色清澈，一眼看不到底，天冷的早晨水面上热气腾腾，夏天只要用水洗脸明目提神，可谁也没有试探此潭到底有多深，于是有人用一斤（0.5千克）丝线，线的一头拴上石头，随着石头的沉下线也跟着下去。石头不沉了，丝线也放完了，于是得名"斤线潭"。

山的西面，有一块耸立的岩石，它的后面还有六七块大小不一排列整齐的小岩石，从山下看上去很像一只狮子的头，传说狮子原来是活的，夜里经常带着小狮子们到下面偷吃水稻，践踏庄稼，人们非常痛恨，于是用凿子将狮子的喉部凿掉了一块。从此狮子再也没有下过山，后来人们又把这片山叫作"狮子山"。

传说仇山有十八样宝，只要用一根三丈六尺（12米）长的茅草作钥匙，在山体上一比，石门就会被打开了，里面有金凳子、桌子、碗、筷子等。逢年过节或者婚丧喜事，谁都可以去借，但必须有借有还，千万不能借而不还，有一天一个男孩看见石门开着，便进去拿了一把金黄豆吃了。此时石门迅速关闭，男孩无法出来，焦急的母亲到处寻找钥匙，可这根三丈六尺的茅草，被谁丢在北湖草塘里，再也找不到了，心酸的母亲只能在山外呼唤自己的儿子，可怜的男孩，也只能在山中回应母亲的呼叫，如果不信大家可以到石坝头去体验一下，石坝头位于仇山西北端，那里山势更加险峻，站在山下仰望山顶，岩崖就好像要扑下来一样，只要大叫一声，立刻会产生连续的回音。

仇山有着丰富的磁土，抗战胜利后，上海一个姓孙的老板，首先雇用民工，在山顶开挖。中华人民共和国成立后，公私合营，从表层的露天矿到国营仇山矿，大量的开采为祖国建设，作出了巨大的贡献。

改革开放之后，仇山人民的经济收入成几十倍增加，家家盖起新楼房。过去的羊肠小道，而今变成一条条宽阔的水泥和柏油马路，是呀！人们都在为能够生活在这片美丽、富饶，有着神奇传说的地方而感到无限的自豪和欣慰！

（2）龙宫庙与白龙庙。

龙的中国，龙的传人，龙的江河，龙的传说。龙喜水，水育龙。在水系环绕的下陡门村，古人建起了龙宫庙、白龙庙两座庙宇，祖先们尊称两庙为“双龙戏水”，人们常常来到这两座庙宇，祈祷国泰民安，风调雨顺，身体健康，五谷丰登。

据老者回忆，早期的龙宫庙是一座仿古式庙宇建筑，正屋四间，坐北朝南，正门一扇。沿着一条石块和卵石铺就的曲径，缓步而行，穿过绿林，站在庙前四周眺望，满眼湖光山色，清风习习，别有一番感受。门口走过三个台阶，就进入宫里。宫深约 8 米，宽约 15 米。里面塑着观音送子、地藏王等六尊佛像。两边，分别列着八尊白色神像，有的拿刀剑，有的拿书卷，有的握大棍，有的拿枷锁，形态逼真，神情各异。

原先，龙宫庙正南方有一条东西向的小溪，人们要进龙宫庙需绕道而行，这样对香客进入不方便，于是，众多信徒出资、出力，在这条小溪上建造的一座石板拱桥，名叫龙宫桥，桥身长约 10 米，宽约 2 米。桥梁建成后，香客慕名而来，每当农历初一、十五，门庭若市，香火旺盛。

在老者的记忆中，曾有人在龙宫庙里吟过诗：高坡翠荫坐龙宫，古殿香融紫气中。山色湖光开法界，云霞竹露聚华嵩。尊王践善威灵显，百姓消灾圣境隆……

为何要建此庙宇，还有一个传说，一日，龙王坐镇龙宫点卯，忽听溪中传来由远及近的浪涛轰鸣声，紧接着天旋地转，溪水剧烈震荡，龙宫在震荡中摇晃。龙王疾率诸龙臣出宫，腾空而起，俯视那波涛翻滚的溪河。透过那呼啸而来的浪涛，只见一尾巨大的鲇鱼精，领着一尾小鲇鱼，奋力摆动着笨拙的身躯，紧紧追赶着一群溯溪而上亡命逃遁的龙虾精。它们全力行进，激起滔天巨浪冲击拍打溪岸，地动山摇，发出雷鸣般的惊涛骇浪声，震耳欲聋。

为了镇邪报太平，当地祖先特意建起了龙宫庙。

再说白龙庙，位于下陡门村的东面。原先的白龙庙坐北朝南，五间正屋，四间厢房，前有天井、戏台，两旁还有厨房、厕所。每当佛教圣日，会举行出会等大型活动。

堂内有多尊木雕菩萨，受人最崇拜的菩萨要算蚕王菩萨，因为下陡门村的祖祖辈辈都养蚕。据说，此庙由海宁养蚕大王出资建造。相传，某一天黎明前，伸手不见五指，两名海宁养蚕大王沿途卖蚕种路过此地，由于没有丝毫的亮光，他俩不得不爬行而过。不一会儿，他俩只见一棵高大的白皮松树出现在眼前。是这棵松树指明了他俩前行的方向。回到家后，他俩认为这是白龙的化身，于是决定出资在此建造一座庙宇，取名为白龙庙。并在庙内悬挂了油灯，为行人明路。还特地雕刻了一尊蚕王菩萨，祈祷“蚕花十二分”。

相传，在中华人民共和国成立前，每年汛前和养蚕时节，都会举行盛大的庙会。白发老者或白衣秀士，象征着蚕宝宝的洁白，行走于苕溪两岸的堤塘路径之上，造福一方生灵。两岸百姓、过往船家，无论是祈福祈寿祈平安，或是求雨求子求财运，无不应验。一传十、十传百，白龙圣君灵验逐渐传开，妇孺皆知。于是，前来白龙庙奉祀朝拜的人，成群结队、络绎不绝。

可叹，传说中的飞檐翘角，青灰筒瓦，宏伟庄严的白龙庙，在历史战火硝烟中消失。然而，她没能削减这方土地上的华夏儿女们对龙文化的传颂与敬仰。每年农历二月二和五月五，在白龙庙遗址爆满了敬香祈福的人们，大家沐浴圣水甘露，念佛磕头，心里许愿……

在“文化大革命”时期，龙宫庙与白龙庙被毁。

诗吟仇山

（一）

题《山村隐居图》

元 仇远

我家仇山阳，昔有数椽屋。误落城市间，读书学干录。
井枯灶烟绝，况复辞松菊。如此五十年，一出不可复。
高侯邱壑胸，知我志幽独。为写隐居图，寒溪入空谷。
苍石压花构，白云养乔木。向来仇池梦，历历在我目。
何哉草堂赀，政尔饭不起。视吾舌尚存，吾居有时卜。

（二）

题《仇山图》

元 戴表元

仇山之下仇山人，白头官学走风尘。
问渠家在何处住，云气漫漫不知路。
诗人作事例多痴，逢山且画且题诗。
不如邻翁不识诗与画，一生耕钓仇山下。

（三）

仇山

清 张丹

寻山意靡倦，越溪心更爽。牵萝绕岸突，挽葛窥洞敞。
林深欣灭迹，涧曲聆奇响。乱石既岑峙，平畴衍以广。
蔓草终古荣，仇王意焉往？岩窍还空嵌，城堑无停鞅。
崎岖逾竹埤，纡郁薄丛莽。众木翳寒潭，白日啸魍魉。
穷崖早已困，攀磴谁能上？良友只偶游，登顿路回枉。

（四）

入仇溪访友

清 张　丹

轻策逾新岭，落日次西郭。
杳冥目所希，赏心于兹获。
潭澳乱泄云，潺湲响丛薄。
舟枕顶既竦，仇山背亦削。
屡与雉兔侣，宁让鸟雀乐。
析析萝叶疏，累累藤子落。
樛枝纷相披，弇干曲且攫。
密林烟左接，深谷雾右作。
清泉激石肺，迅湍洗崖脚。
俯濯似猿蹲，仰攀类猱跃。
松根涧底引，竹梢筏上掠。
遇子境已开，欣子足未却。
共言求所志，恬然采场藿。

4.历史名人

下陡门村的历史名人主要有革命先烈王守存、沈化贞，乡贤名人马鹏飞、侯永宝等。

革命先烈

王守存、沈化贞

两位革命烈士，均为山东沂南县人，因在下陡门等地开展过革命工作，所以，他俩的事迹牢牢记在当地村民的心中。

他俩均于1944年入伍，次年加入中国共产党。1949年5月12日，随军南下被分配至西社乡（现为余杭街道永建片），王守存任指导员，沈化贞任乡长。7月16日参加县委扩大会议后，傍晚冒雨回乡，深夜还在商讨工作。7月17日清晨，乡政府（永安的枫树庙）遭匪徒（浙江省救国纵队第16支队）偷袭，两人奋勇反击，沈化贞当场牺牲。王守存负重伤，突围中昏倒，被支援部队发现后，送医院抢救无效牺牲。1962年烈士遗骨从乡间移葬于安乐山麓。该墓呈蝶状，墓径3.4米，墓碑高1.3米、宽0.7米，简介碑高1.45米、宽1米，瞻仰台面积为208平方米，安葬王守存、沈化贞两位革命烈士。

1992年4月对烈士墓进行过一次维修。2008年3月，余杭镇人民政府又拨专款5万多元对烈士墓进行修缮。除了对坟墓加固外，在坟墓的正面重新贴上了大理石雕刻的墓碑，两侧新嵌五星红旗，墓地的两旁架设护栏和浮雕。

1994年，宝塔山革命烈士墓被公布为余杭市第一批爱国主义教育基地。每当清明时节，百花争妍。在余杭镇关工委爱国主义教育基地宝塔山下的烈士墓前，人流如潮，来自周边高中、初中、小学和幼儿园的师生，一拨又一拨地排着长队，抬着花圈，胸佩自作的白花，来到革命烈士王守存、沈化贞的墓前，恭恭敬敬地三鞠躬，默哀致意，敬献花圈，听取革命事迹讲解。据统计，每年清明扫墓者总有5000多人次。宝塔山革命烈士墓被公布为市级文物保护点。

乡贤名人

马鹏飞

下陡门村人，1986年5月出生，中共党员，硕士研究生学历，2004年9月入伍，毕业于第四军医大学，技术十级，文职6级。现任中国人民解放军南部战区陆军第七十五集团军医院药械科主管药师。

马鹏飞多次参加重大军事卫勤保障任务，受到上级机关和医院数次嘉奖表彰。2015年6月参加“2.09”中缅边境维稳处突卫勤保障任务。2016年5月至2017年5月随第十四批赴黎维和医疗队前往黎巴嫩参加国际维和，顺利完成维和任务，表现优异，被联合国授予和平荣誉勋章。2017年12月荣立个人三等功一次。

侯永宝

1957年1月出生，汉族，下陡门村人，本科学历。1974年12月入伍参加工作，1976年8月入党。1976年8月从陆军选飞，调入空军部队，成为一名歼击机飞行员。1979年5月从航校毕业分配到飞行部队。

几十年来，他曾飞过初教六、歼教五、歼五、歼教六、歼六等机型。在部队曾担任过飞行员、飞行中队长、副大队长、副团长等职，1992年评定为空军中校军衔。1993年10月从部队转业到杭州市下城区。担任过城管办副主任、街道副主任、房管局副局长、建设局副局长、街道调研员（正处）等职。2017年1月退休。曾荣立过二等功一次，三等功两次，被原南京军区空军授予优秀飞行人员一次。评定为一级飞行员。

5.非遗文化

（1）过年习俗。

过年是一年当中最隆重的节日，从农历腊月二十三就开始过年了，当天，灶家菩萨要上天，要烧香点烛好菜好饭供灶家菩萨，在灶头旁贴一副对联：上天言好事，下地报平安。

贴春联，过年家家户户大门前都贴着春联，讲究的要贴三副对联，一是灶头，二是厅堂，三是大门。

分岁，一般在大年三十晚餐，一家人团团圆圆坐在一起吃年夜饭，吃完年夜饭，长辈向小辈分红包，这就叫分岁。小孩子接过红包不能拆开，而是压在枕头底下，等到第二天，也就是过了年才能拆开来看，这就是压岁。压岁钱的说法也由此而来。

大年三十要坐夜；香烛点到天亮，中途不能熄灭，用大柴爿头烧到通宵。十七八岁年轻人要坐夜到通宵，不能睡觉。老古人传下的话说：“不坐夜没有新棉袄穿”。古时家穷，没钱买棉袄，叫年轻人烘火熬过最冷几个夜晚。

接年财，也叫接财神。除夕十二点钟时都要接年财，泡三杯茶点一支香到门外面用红纸包好一块木头拿回家，拜过放在门后。

正月初一拜大年。出门拜年要朝喜鹊巢口的方向走。拜什么人也与本地习俗有所不同，初一初二拜邻舍，初三初四拜长辈。远水救不了近火，远亲不如近邻。拜邻舍最要紧，邻里间相互拜个年，问个好，送个祝福，其乐融融。拜长辈要拎糖包和礼品等，长辈给小辈红包。

开工节，正月初三用铁耙在地上掘两三下，并在地上烧点经纸，算是新年开工了。

闹元宵，元宵节这天，所有的家庭都必须给自家的祖坟送去灯盏，以示后继有人。元宵节当天，从清晨起就鞭炮声不断。而夜幕降临，则会满山遍野灯光一片，烟花漫天。也许，用当代文明很难阐释这种民俗，但它至少蕴含这样两种情愫：一是我们民族饮水思源、不忘根本的美德。现今的一切，都来源于前辈打下的基础之上的，因此，在欢度佳节的过程中，也给先辈送去慰藉和祝福。二是民族光宗耀祖的观念使然。千百年小农经济的桎梏，把人们圈定在狭小的空间，使人们都拼着命混出个样来。而真正混出样后，总要用说得过去的形式昭告乡邻，而通过送灯来昭告，既表现了饮水思源的美德，又不露山水地彰显了混出的样来，真是一举两得……

正月十五晚上，每家都要给家里死去的新老先人的坟前送灯，就是去坟前点蜡烛，蜡烛外面用个简易的灯罩罩好防风，送灯时候会放炮，放礼花，烧香灯。灯罩一般是自己做的，用各种颜色的彩纸做成。

正月十五这天，不管离家多远，远在外地的游子都要回到家乡，中午吃团圆饭，晚上送灯。如果哪家祖坟没有人送灯，就说明这家人绝户了，没有后人了。这是每家人都忌讳的。

闹元宵最大看点就是民间艺术表现，四面八方的民间艺术汇集一起表演，并进行踩街活动。跳狮子舞到各家各户门口时，各家各户要给红包。红包放在四周插满燃着的香里，取红包比较难，要用东西伸入四周插满燃着的香中勾出红包。

过完了元宵，才算过完了年。

（2）开秧门与吃新米饭。

“立夏”标志着夏季的开始、农忙季节的到来。在产粮地区的下陡门，早稻“开秧门”一般都选择在立夏节这一天。

相传，在开秧门这一天，当家的早早上街买回鱼肉荤菜，烧熟后用一个统盘，将荤菜装入盘内，点上燃香，供在田头，祈求天公和田公田母保佑风调雨顺、五谷丰登。

开秧门这一天若不是立夏节，则要另选好日脚，选逢三、逢六、逢九的日子。农历逢二、逢八不开秧门，叫作“二、八不开帐”。

开秧门这天，要吃发糕，其意是插下去的秧苗，会发得快，长得很高。选好开秧门的日子如遇风雨天，秧门照开，菩萨照请，发糕照吃，但只是象征性地插几行秧苗，开一下秧门，等天晴之后再插秧。

种田是为了吃饭。第一次吃当年收回的新米，称为“吃新米饭”。吃新米饭事先应选好一个吉利的日子，通常为农历逢三、逢六、逢九的日子。

吃新米饭时，第一碗新米饭当供天菩萨。供天菩萨的仪式是：在家门口的道地上放一只小方凳，上面放一面筛子，将新米饭放在筛子上。然后插上三支燃香，在新米饭旁放上一双竹筷，口中默念“多蒙天菩萨保佑”“谢谢天菩萨照应”之类的谢词，朝天拜上三拜。

第二碗新米饭当放置灶神前，供灶司菩萨。仪式与供天菩萨相同。

第三碗新米饭当捧给当家人吃，意为当家人辛苦，当先享用。

有的家庭吃新米饭，还邀请出嫁的女儿和女婿等至亲。如选好的吉日刚好遇上当家人因事离家，无法与家人一起吃新米饭，家人又不得不吃新米充饥时，家人就在新米中盛出每人一饭碗新米（如全家有5人，就盛出5碗），供置灶司菩萨面前，等当家人在家了再举行吃新米饭的仪式。这一天，家人只吃新米饭不举行仪式。

（3）蚕花。

下陡门素称“丝绸之府”，不少流传至今的农谚也足以证实当年栽桑养蚕的盛况。如“蓬头赤脚一个月，舒舒服服吃一年”“种得一亩桑，可免一家荒”“家有百株桑，一年吃勿光”等；而蚕乡的蚕俗，更是套路深奥。

扫蚕花地。大年初一，蚕花娘子（养蚕女子）要到蚕房扫地，叫“扫蚕花地”。扫蚕花地须从外往里扫，意思是把蚕花扫进来。年节里，客人见面互道“蚕花二十四分”，以祝愿蚕茧丰收。

请蚕猫。老鼠会吃蚕宝宝，蚕房忌鼠，蚕农家大多养猫，但有的还要请蚕猫。所谓蚕猫，就是用泥土烧制的泥猫。每年春天，就有苏北人摇了小船来挨家挨户兜售泥猫，但不叫“卖”叫“送”。蚕家也不叫“买”叫“请”。不付钱，而以米交换，请来泥猫放在蚕房窗台上，吓唬老鼠。

请宝宝。在当地，称蚕为“宝宝”，以示宝贝。清明前卖蚕种的到村里来，会送鹅毛一对、马面一张，称“送宝宝上门”。蚕农去买蚕子，不叫买，叫请宝宝。宝宝（蚕子）进门，蚕户用桃花纸糊窗，贴上用红纸剪成的蚕猫、聚宝盆、摇钱树等吉祥图案，门窗上插野桃树枝、桃树头，以示避邪。

讨蚕花。讨蚕花有两种讨法。一种是蚕子进门之后，到附近的寺庙去求签，问菩萨今年的蚕花有多少分；另一种讨法是蚕子进门后，大人有意问一问不大懂事的小伢儿，今年的蚕花有几分，小伢儿天真无邪，随口而答，被大人视为“金口”。

轧蚕花。每逢清明时节，四邻八乡的蚕农都要赶往大小庙宇，烧香敬拜蚕花娘娘，目的就是祈求蚕运亨通，因为赶庙会、祭蚕花娘娘，人山人海，轧来轧去，热闹异常，所以叫“轧蚕花”。

谢蚕花。端午谢蚕花，吃蚕花酒，是蚕农为庆贺一年蚕茧丰收的活动。这一天，取出“马鸣王菩萨”（蚕花娘娘）的神位，点起香烛，供上猪头、全鱼、全鸡等供品，拜谢蚕花娘娘的保佑，然后合家吃顿丰盛的酒席，称为“蚕花酒”。

点蚕花灯。到了大年三十，吃过了年夜饭，养蚕人家家里的女主人须在家里的神龛中点上一盏油灯，有的人家则是点上一支红蜡烛。此俗称为“点蚕花火。”蚕农认为，点上了蚕花火，家中养蚕就能红红火火。点“蚕花火”时，不管你是点灯的也好，还是点蜡烛也好，这灯和蜡烛都不能马上熄灭，一直要从年三十夜里点到大年初一的早上为止，表示一年到头都红红火火。

（4）养鱼与干塘。

在下陡门村，供鱼类繁殖、生存的水面，有“外荡”和“内荡”之分，北面的北湖草荡称“外荡”，内地的湖泊池塘称“内荡”。内荡大都以饲养白鲢、花鲢、草鱼、鲤鱼四大家鱼为主。而外荡，虽不放养鱼苗，但自然生长的鱼类品种繁多，且水面无主，人人都可以捕捞。

村民在吃鱼时先吃上半片，吃掉后把鱼骨头拿掉再吃下半片，不许把鱼翻过来吃，鱼头鱼尾留着不吃，说是象征年年有余，而鱼翻身，认为会翻船，因捕鱼大多用船。

村民捕鱼很讲究占卜。清早第一网是捕到白鲦鱼，会以为这一天运气不好；捕到鲤鱼，则认为这一天很“利市”，预兆最近几天会有好收获；捕到鱼尾巴上有斑点的，预兆捕鱼的收获在后头；捕到鱼身上有斑点的，预兆捕鱼生意旺在中间。

同为渔民，内荡养鱼的与外荡捕鱼的有质的区别。内荡养鱼重在“养”，平时不捕捞，两到三年干一次荡，𢭏一次鱼。𢭏鱼时，主人养下去的白鲢、花鲢、草鱼、鲤鱼旁人不能𢭏，其余的鱼，包括个头较大的黑鱼和甲鱼，人人都可以𢭏，因为民间视白鲢、花鲢、草鱼、鲤鱼为“家鱼”，其余的鱼类统统被视为“野鱼”。野鱼是不属于鱼荡主人的。因而，每到干荡时，池塘边上全都站满了人，有的是荡主请来帮忙的，更多的则是准备参与“清荡”𢭏野鱼的。塘水车干后，先由荡主带人下塘𢭏家鱼，等他们将家鱼𢭏得差不多了，早已候在一边等候清荡的人便冲下鱼池𢭏野鱼了。𢭏野鱼者以小孩子居多，清荡𢭏野鱼者个个腰间挂个竹篓，眼明手快地去抓那些剩落来的野鱼，谁抓到就归谁，场面颇为热闹。有时清荡者还会幸运地从荡底的烂泥里抓到一条“黑里头”，那会使大家热闹上一阵子。

6.文化设施

（1）文化礼堂。

下陡门村文化礼堂位于村委大院，于2019年10月投入使用。室内礼堂400平方米，内设主席台，灯光、音响、空调和调音室。道德讲堂80平方米，内设灯光、音响、空调和调音室等配备设施；排舞大厅130平方米；露天舞台一处；农家书屋230平方米，藏书量超万册；有电子播放室16平方米；篮球场两个，计900平方米；一个室内乒乓球场地，一个室外乒乓球场地，总面积200平方米；文化长廊是根据古建筑的园林长廊设计建造，长约40米，由一廊一亭组成。

2020年成功创建成四星级文化礼堂。

全村有大型的健身苑5个，休闲公园6处，占地6000余平方米；有老年活动中心3个，面积约600平方米。形成了15分钟的健身娱乐活动圈，为正常开展文体活动提供了基础保障，也充分满足了村民日常文娱健身的需要。

（2）文体活动。

为丰富广大村民的业余文化生活，下陡门村以硬件建设为支撑，软件建设为重点，积极开展各项文体活动，积极组建文体队伍。目前，全村有滚灯操、扇子舞、太极拳、乒乓球队、篮球队、象棋队、腰鼓队、舞蹈队等群众性文体队伍10多支，参与活动的村民数以百计，茶余饭后，他们会不约而同来到小公园或文化礼堂健身娱乐。每逢有重大活动，重要节庆时间，他们都会登台表演。其中舞蹈队带着滚灯操、扇子舞等节目，多次参加区、街道的比赛，并屡屡获奖。其中滚灯操队在2015年余杭区的比赛中，获得了优胜奖，其腰鼓、太极、快板、排舞等队伍还多次受邀参加周边村社和街道的演出，已小有名气。这些人群还成为志愿者，自告奋勇地参与到防诈骗、疫情防控、垃圾分类等中心工作中。

在余杭街道第四、第五、第六届人民运动会和文化艺术节中，均获团体总分村社组前五名的好成绩。

各项活动各具特色，内涵丰富、亮点频出，百姓青睐，可谓“小活动天天有，大活动三六九”，给广大村民送上了一道又一道的精神大餐。据统计，平均每月的活动在两场（次）以上。

随着基础设施、文化娱乐场所的不断完善、提升，村民的获得感也大大提升了。望得见青山，看得见绿水，记得住乡愁，在下陡门，已不再是梦想！

七、仙宅村

仙宅之名由来已久，相传茶仙陆羽曾隐居村内苎山一带撰写《茶经》而取“仙宅”之名，并一直沿用至今。仙宅村位于余杭街道西北部，连接起梦想小镇和大径山两个核心区块。境内交通便利，235国道穿村而过，绕城西复线老余杭北出入口位于村内。自然环境优越，沿线娘娘山、大禹谷、长乐林场错落相间。仙宅村于2003年由原仙宅、万石、新岭三村合并而成，全村区域面积7.86平方千米，下辖28个村民小组，6个网格支部，

仙宅村村口

总户数 1077 户，总人口 3300 余人，党员 146 名。

仙宅村在大力扶持粮食功能区块建设，保持水稻种植优势的同时，发展经济作物，以茶叶、竹笋、苗木等为优。目前已有优泽农业、仙宅茶叶种植园等多家单位落户仙宅，并建有费寺蓝莓、嫩芽家庭农场两家农民合作社。通过盘活存量土地，建造虾儿山、村级综合楼、林坞口、小山标准厂房，引进良辰机械、祖红箱包、太平洋塑业等多家企业，每年为村集体增收。深入开展美丽乡村精品村建设，打造以入村口至林坞口为纵贯线，以小汇休闲公园、农村文化礼堂、农贸市场、里村为重要节点的“一线四点”精品线路。在发展物质文明的同时，仙宅村努力建设政治文明、精神文明、生态文明的新农村。积极开展文体宣传类活动，完善“五会”组织，打造“六个一”主题文明活动，重点开展好家风褒奖礼、好家风宣讲赛、家风故事表演、儿童开蒙、重阳敬老、巧手媳妇、家风味道仙宅家宴等特色活动，弘扬“敬业、守信、孝贤、睦邻、勤俭、好学”的仙宅好家风。充分发挥党员骨干、村民志愿者的积极性，探索建立“小汇六立岗”工作模式，和“田野议事”协商议事平台，推动四治融合、三源治理。

仙宅村五星级文化礼堂

近年来，仙宅村突出党建、家风两大工作亮点，提出“茶仙圣地 家宅新风”的村庄定位，不断融合创新，凝心聚力促发展，先后获得浙江省文明村、浙江省引领型农村社区、浙江省城乡社区治理和服务先进单位、浙江省五星级文化礼堂，浙江省示范儿童之家，杭州市先进基层党组织，杭州市示范妇女之家，余杭区清廉村居、余杭区家风家教实践基地等各类荣誉 50 余项。

仙宅独特的自然环境，带动了很多本地人创办特色民宿，也带动乡贤返乡创业。

第三节　永安村抱团发展的探索

为贯彻落实中央和省、市、区委关于实施乡村振兴的决策部署，余杭区农业农村局会同余杭街道办事处在余杭街道苕溪以北区块实施了“禹上稻乡”联合体项目。

一、基本情况

余杭街道永建片基本上属于非常滞洪区及永久性基本农田保护区，区域经济发展受到了很大的限制。2018年5月，余杭区区长调研余杭街道永安村，就村级经济如何发展壮大组织苕溪以北8个村的书记召开座谈会，分析原因，寻求对策，首次提出农文旅融合的田园综合体概念。2018年10月余杭区农业农村局会同余杭街道办事处在余杭街道苕溪以北区块落地实施“禹上稻乡”联合体项目，“禹上稻乡”项目选址余杭街道苕溪以北基本农田保护区内，涵盖永安村、溪塔村、下陡门村、洪桐村、义桥村、上湖村、仙宅村、竹园村等8个行政村，共71.8平方千米土地，其中“禹上稻乡”项目规划面积3万余亩。未来科技城、余杭街道集镇街区、G56/S14高速上下口、在建的高铁西站等均在15分钟车程圈内，区位优势明显。“禹上稻乡”项目以“稻”为核心产业，一期建设主要位于余杭街道永安村，包括永安村800余亩基本农田及美丽乡村精品示范区。待永安村禹上稻乡项目建成出效后，将以点带面逐步辐射至苕溪以北其他村，打造“禹上稻乡”地域品牌，进而带动苕溪以北全域的产业发展，实现美丽乡村建设从“环境美”到“产业美”的转型升级。

禹上稻乡项目启动以来已完成搭建组织架构、成立运营公司、建设小微业态、举办系列活动、推广认养产品、品牌推广营销、数字赋能农业、推动校地合作等一系列工作，成效显著。

（一）土地收入全面提高，稳固增产增效“基本盘”

截至2021年，已流转耕地2.7万亩，产量提升12%；流转单价从900元/亩增长至1700元/亩；核心区块亩均收益从2000元/亩提升至6000元/亩。其中，核心区块永安村集体经济从2018年56.85万元增长至2021年315.19万元，增幅达454.4%；农民人均收入由2018年34786元增长至2021年56920元，年均增长21.2%。

（二）功能场景逐步完善，呈现未来乡村“示范带”

参照未来乡村“三化九场景”架构，随着稻香大道、邻里中心、稻香综合体、数字健康驿站等设施落地，农村交通、医疗、养老、创业等传统短板得到补齐，农村环境面貌不断靓化，吸引入驻农业科技、文化创意、网红直播类人才28位，科创企业31家。

（三）乡村业态多元延展，激活都市农业“新动能”

通过农创、农旅、农养等紧密融合，已培育永安大米、青黛蓝染、竹茶小径等特色品牌。依托各类数字农业云平台及互联网电商资源，“禹上稻乡”公共品牌全产业链建设初见成效。以稻田认养，乡村娱乐、研学项目为阵地，月均引流上万人次，各类特色节日活动的影响力与知名度日益提升。在2023年6月的插秧节期间，就带动涉农企业、家庭农场、种养大户24家完成300多万元产品销售。

（四）集体经济拓源增收，形成融合同频“强磁场”

通过禹上共富体项目，保守估计每村可获得1亿元资产和300万元/年现金流收入，各村经营性收入将一次性增长150%，推动经济效益与社会效益“双丰收”。预计至2024年完工并为各村经济开动造血功能。

二、主要做法及成效

禹上稻乡发挥毗邻未来科技城区位优势，以辖区内永久性基本农田为着力点，立足农业经济属性，实践出一条现代化农业发展之路。相关做法获《光明日报》《经济日报》《农民日报》等多家官方媒体及中央电视台新闻频道等集中宣传报道，多次获包括浙江省副省长、浙江省人大常委会副主任、杭州市市长、余杭区委书记在内的省、市、区级领导肯定批示，并作为余杭区唯一代表参加浙江省乡村产业振兴高质量发展推进会作典型发言。副省长专题调研禹上稻乡项目，并对永安村未来乡村、共同富裕等工作给予高度评价。永安村被评为第一批杭州市共富村、2020年度浙江省美丽乡村特色精品村，禹上稻乡风景线被评为2020年度浙江省美丽乡村风景线，禹上稻乡联合体被评为杭州市首批共富联合体。禹上稻乡联合体“市场化改革＋集体经济”相关做法2022年6月入选全省50个强村富民乡村集成改革典型案例。

（一）品牌化经营提升产业价值

2019年委托浙江永续农业品牌研究院进行品牌规划，提出“稻香小镇”区域公共品牌。利用都市农业、毗邻阿里的区位优势，提出品牌传播辅助口号“阿里以西十分钟”，借力提升知名度。在“稻香小镇”区域公共品牌基础上形成产品品牌“禹上稻乡”，并将原有的稻香永安、永安心米等品牌纳入区域公用品牌体系，从原有的一产纵向延伸，开发稻米衍生品，精深加工提升产品附加值。

（二）数字化建设实现提质增效

以需求为导向，启动“数字农业”建设，以数字技术赋能为粮食产业提质增效，推动“美丽乡村”到“美丽经济”转型升级。通过数字农业项目的实施，实现主导产业水稻的生长模型、智慧气象站等模块的应用，趋利避害提高产量。通过与一些电商平台合作，举办直播等活动销售大米。在整合数字生产和数字营销的基础上，增加数字治理和数字创业模块，对内实现网格治理和人员动态管理等场景，便于村级管理和服务村民；对外实现招商空间发布，招商政策对接，公共空间预约相关创业政策兑现等场景，吸纳人才和资源，内外协同推动乡村的创新创业。

（三）科技化助力实现质量兴农

重视发挥科技的作用，打好大学、村企“两张牌”，创新校地合作新模式缩短科研成果转化链，助推永安村产品打响名气。与浙江大学农业与生物技术学院签署战略合作协议，被授牌“浙江大学农业与生物技术学院教学实习基地”。聘请浙江大学吴殿星教授作为名誉顾问，改良水稻品种，相关优质品种获得了“浙江好稻米”评比金奖，为禹上稻乡稻米及其衍生产品提供了高质量背书。成立专家指导站，通过聘请精准育种等方面的专家学者带动本地的农民技术人才一同开展新技术产品应用试验，推动农业向价值链中高端攀升。数字技术和创新科技相结合，确保了科学技术在种苗选育、种养管理、疫病防治等环节中的广泛应用，使得永安村的传统稻米产业实现了“质量兴农”“效益兴农”“绿色兴农”。

（四）功能化推进实现多元价值

禹上稻乡的核心产业是以一产为主的传统稻米产业，除了研发优质的品种，开发糙米、软香粳米、胚芽米等多类型的稻米产品外，还开发了米糕、米酒、粽子、青团等衍生品，实现了一产向纵深延伸，丰富了产品类型，提高了粮食产业的综合产值。在农文旅三产融合方面，创新认养农业新模式，实现精准订单农业，预留土地作为“农业认养”项目基地，开发“数字稻田认养”App，实时享受种植乐趣。盘活村集体闲置资产、整合村民闲置房屋，开辟共创空间，引入浙江中青旅、天机营研学、美莓源空中草莓等农旅结合的创业企业，开创了“景区＋小镇＋营地＋田园综合体＋共创空间”的文旅发展新模式，极大地拓展了乡村产业的宽度和广度，带动了集体经济壮大和农民创业增收。

（五）组织化运营形成发展合力

为打造一二三产业融合发展，永安村村集体成立了杭州稻香小镇农业科技有限公司，带动集体经济壮大和农民增收植入了现代经营理念。聘请在知名农业企业工作多年，拥有丰富实践管理经验的职业经理人，形成了“公司＋大户”的农业产业化经营组织形态。从政策落实、生产管理、资产盘活、营销运营等各个层面，有效发挥村集体、公司、村民各自的优势，保障了项目的稳步实施。街道通过全域土地整治和高标准农田提升项目等完善了农田基础设施，提升了粮食生产条件；通过粮食生产补贴和支持政策，为土地流转和规模化经营创造了条件；通过实施禹上稻乡项目，为永安村三产融合发展提供了机遇、积聚了人气；通过整合资源，与浙江大学和之江实验室等院校科研机构，与阿里巴巴集团数字农业、天猫、盒马鲜生以及谷绿农品等企业进行深度合作，为永安村带来了新技术、新思路、新渠道，使得永安村能够保持稳定、健康、可持续发展。

三、践行地瓜经济探共富路径

（一）以稻为基，以创为核，组织萌发新枝蔓，村强民富根须壮

禹上稻乡核心区永安村，地处非常滞洪区和基本农田保护区，全村农保率达97%，项目实施其前产业过于单一、发展受到限制。为了确保项目可以顺利实施，永安村发挥党员带动作用，在草垛下进行“众人事情、众人商量”。村委党员带头，挨个小组做宣贯工作，描绘“禹上稻乡”美好蓝图，持续带头进行土地流转和违章不雅建筑拆除。不雅建筑拆除212宗11273平方米、拆除违章建筑199宗12463平方米、清除田间垃圾380余吨，为“禹上稻乡”发展打下环境基础。积极推动美丽乡村建设，先后完成“美丽乡村精品村”“市级精品村”“农文旅融合发展示范村”“美丽乡村1510”“美丽乡村全域环境扩面提升”等项目建设，成功创建省级未来乡村、省级美丽乡村示范村、省级乡村振兴示范村、市级共富村等荣誉。积极发挥党建联建作用，联动周边7村党委和客户企业14家党支部成立“聚耀禹杭”乡村振兴党建联建，共话发展，打造共同富裕。

禹上稻乡积极开拓组织化创新道路，2019年5月，永安村设立全资子公司——杭州稻香小镇农业科技有限公司，由村书记张水宝任董事长。随后根据余杭区统一安排，面向全国招聘职业经理人担任公司总经理，后不断扩充人员，目前已组建了一支28人的专业化运营团队，为永安村构建了扎实的运营组织保障。通过聚焦产业、品牌赋能，以稻为基、以创为核，开发了大米和大米衍生品25种，认养稻田的企业数量达68家，开发研学类课程48个，整合周边农产品35款，带动14名本地村民回乡创业。打造“开镰节”“丰收月”等特色活动品牌，建设共享小院、亲子乐园、稻鱼共养基地、稻香体验工坊等乡村娱乐阵地，丰富环保创意秀、稻香科技艺术节、稻田婚礼、田园间的民谣、草垛乐园、稻垛集市等游玩形式，邀请浙江大学农业品牌研究院进行品牌规划，以品牌引领一二三产业融合发展，达到生产、生活、生态的“三生”融合发展。通过不懈努力，核心区

永安村村集体经营性收入由2019年的73万元提升至2022年的505万元，村民人均收入由2019年的4.2万元提升至2022年的6.09万元，8个村的村集体和人均收入也得到了大幅度的提高，有效地将美丽乡村变转成美丽经济，实现了村集体这个主根强、村民参与业态须根多且壮。

（二）以人为本，以才为引，八村联动新园圃，共富硕果肩并肩

禹上稻乡涵盖了永安、溪塔、洪桐、下陡门、竹园、仙宅、上湖、义桥8个行政村，禹上稻乡1.0，见证了永安村的快速发展，也为其他村带来了全新的发展思路。如何实现八村产业、资源、空间、人才和机制等各方面深度联动，以永安村为龙头带动周边七村共同富裕，是禹上稻乡2.0的重要课程。2022年，为了提升“禹上稻乡”的共同富裕扩面成效，余杭街道财政出资全国首创“乡村造梦师”招聘，通过“三阶段，四维度”培养模式，深度运营八村强村公司。为八村联动发展提供乡村运营人才源动力。

同时，八村各成立自强村公司，再由强村公司集体共同设立总公司——杭州禹上稻乡经营管理有限公司，通过“资产统一、运营独立”向“资产统一、运营统一”的运营思维逐步过渡，为八村抱团融合发展扫除制度障碍。截至目前，已完成全部资源的盘点，形成有效资产清单32份，各村联动实现跨越式发展。目前，八村当中有一个省级未来乡村、三个拟创建市级未来乡村、两个拟创建区级未来乡村，形成了“你追我赶、赶学比超、全域发展”的良性氛围。运营统一并不意味着模式统一，乡村造梦师虽然带去了成功经验“永安模式”，但各村发展依然秉持着“因地制宜、一村一品”的发展理念，各村在“资源共享、优势互补”的原则上抱团发展。

（三）以梦为马，以尺为量，禹上稻乡新模式，省内开花省外帮

2023年“新春第一会”上浙江省委书记易炼红重温地瓜经济理论。近两年来，禹上稻乡接待省内外考察团近700多个，年旅游人数增加至15万人。为了帮助更多的乡村实现运营思维的转变，丰富运营理念，余杭街道积极提炼禹上稻乡发展经验，总结禹上模式，帮助更多的乡村实现共同富裕梦。2023年2月，杭州稻香小镇农业科技有限公司与浙江芒种乡村运营有限公司共同成立浙江千村运营有限公司。千村公司，以帮助更多的乡村实现振兴梦为目标，坚持用市场化手段实现社会化责任的初心。凝

练“乡村运营管理体系、乡村运营数字化工具、乡村运营共享资源包”三件套，再通过一个在地化人才培养培育陪跑，实现多业态融合共同推动乡村振兴的总目标。形成“3 ＋ 1 ＋ X”标准模式对外进行体系化帮扶，通过“显微镜看资源、放大镜看问题、望远镜看发展”来立体剖析乡村的问题及发展，并通过“科学化、体系化、简单化”的三化赋能让服务村由输血变造血，从而实现共同富裕和乡村振兴。截至目前，千村公司已正式签约浙江省杭州市西湖区双浦镇桑园地村、浙江省湖州市安吉鲁家村、广东省广州市乡村振兴基金。海南省海口市、贵州省毕节市等签订战略合作协议，处于对接阶段的还有海南省海口市 3 区（琼山区、龙华区、美兰区）、浙江省金华市金山区、广东省连樟村、浙江省嘉兴市澉浦镇六里村、浙江省嘉兴市秀洲区新塍镇、浙江省湖州市德清加元村、福建省宁德、内蒙古自治区兴安盟等 16 个地区。千村公司从品牌化、数字化、组织化进行全范围整合优秀的企业合作伙伴，形成了优质乡村运营服务商，并吸引了阿里巴巴、腾讯集团、卓创乡建、力石科技等合作，实现了乡村资源的有效整合，使得禹上稻乡模式省内开花省外帮，并将枝枝蔓蔓伸向全国各地。

未来，禹上稻乡将继续秉承“地瓜经济”的重要使命，以时不我待的紧迫感、只争朝夕的使命感、奋斗有我的责任感，将禹上稻乡凝练成为可复制可推广的乡村振兴领先模式和示范模式，开创乡村运营的“总部经济”，为更多的乡村实现振兴作赋能、做基石、立榜样，为建设杭州城市新中心及共同富裕示范区作出积极贡献。

乡村运营案例示意

X I A N G   C U N   Z H E N   X I N G

第六章　经验启示

余杭区余杭街道永安村以水稻产业为抓手，通过创新实践组织化创新、品牌化建设、数字化赋能的“三化互促”模式，村集体经济收入实现了每年翻番的目标。其主要经验：乡村振兴既要靠党和政府的引导、支持、投入，也需要乡村振兴主体的现代化专业化经营；乡村运营品牌化不仅可以提升乡村风貌、增加农民收入，而且能有效整合乡村空间区域内各种相关资源，实现产业和村庄融合发展；数字乡村建设不仅是乡村振兴的重要任务之一，也是推进数字中国建设的重要内容。

余杭区余杭街道永安村以水稻产业为抓手，通过创新实践组织化创新、品牌化建设、数字化赋能的“三化互促”模式，完成美丽乡村到美丽经济的蝶变。村集体经济收入由2018年的78万元提升至2022年的505万元，实现了每年翻番的目标。

永安村获得“2020浙江省AAA级旅游村庄”“2020浙江省美丽乡村特色精品村”“2020浙江省美丽乡村风景线”“2021杭州市最强党支部”“2022浙江省级未来乡村”“2022浙江省乡村振兴示范村”“2022浙江省特色文化礼堂”“2022浙江省乡村文旅运营团队”“2022杭州市优秀基层党组织”“2022杭州市摄影村”“2022杭州市首批共富体”“2022杭州市首批共富村”“2023杭州市共富带”“2023杭州市文化和旅游IP培育名单”“2023年省级直播式电商共富工坊”“2023年市级第三批共同富裕试点”等系列荣誉称号。

第一节　组织化创新助力村庄经营

2006年，时任浙江省委书记习近平同志在全省“千村示范、万村整治”工作现场会上指出，工程实施要把整治村庄和经营村庄结合起来。2022年中央农村工作会议上，习近平总书记强调要“总结推广村民自治组织、农村集体经济组织、农民群众参与乡村建设项目的有效做法”。

经营是一项有组织的社会活动，任何一种经营活动都由经营主体、经营客体、经营目标、经营手段、经营规范、经营保障六个基本要素构成。深化“千万工程”、实施乡村振兴战略，强村富民、奔向共富，作为乡村振兴的具体组织者、实践者，也应树立村庄经营理念、提高乡村运营能力。乡村是“希望的田野”，然而农业农村的现代化是中国式现代化的短板弱项；乡村振兴既要靠党和政府的引导、支持、投入，也需要乡村振兴主体的现代化专业化经营。

千村公司运营示意

一、坚持村庄经营必须党建引领

推动乡村全面振兴，要牢牢抓住党建引领这个关键核心，通过将党建融入乡村运营、渗入村民生活、嵌入基层治理，激发“党建因子”新活力，点燃“红色引擎”。推动乡村振兴，要旗帜鲜明加强党的领导，特别是要发挥镇村两级党组织“把方向、谋大局、定政策、促改革”的主心骨作用，成为实施村庄经营的强大堡垒。

在乡村运营中，坚持党建引领原则，将实现“三个有利于”：有利于壮大集体经济，有利于实现乡村振兴，有利于达到村内共同富裕。

在村庄经营过程中，村级党组织要发挥统领作用，在顶层设计和实践运营中，规范各类集体资产流向，确保集体资产持续增值，对项目进行客观有效的绩效评估，不断总结村庄经营经验和教训，推动村庄经营制度更加成熟更加定型，充分展现村庄经营的优越性。

村庄经营不是某一个人或团体的单方面参与和收益，村庄经营要让全体村民分享经营红利，在经营过程中要充分调动村民的参与积极性。乡村振兴，人才是关键。要充分发挥党管人才的优势，抢抓政策机遇，加大引才聚才力度，吸引各类人才向产业发展、乡村振兴一线集聚。余杭区余杭街道党工委因地制宜，一方面用好各种项目载体，吸引在外乡贤和返乡青年参与创业，积极开展新乡贤、返乡青年资源调查，推进乡贤联谊组织建设，对外推介村庄经营项目；另一方面大胆创新，推出“农村职业经理人”全国招聘首创。

二、创新八村联盟抱团共富机制

“千万工程”实施以来，永安村始终锚定“以稻为基、以创为核”中心思想，连片城北8个村共同打造“禹上稻乡”项目，走出了一条乡村振兴的新“稻”路，在人居环境改造、美丽乡村建设、美丽经济蝶变及“地瓜经济”提能升级等方面，取得积极成效。

余杭街道牵头以永安村为龙头的苕溪以北8个村经济合作社共同出资入股，引入农村职业经理人统一运营，扭转了各自为战、力量薄弱的局面。根据各村的资源禀赋和产业特性，如茶叶、稻米、竹笋、丝瓜等打造“一村一品”特色产业。通过延长农产品加工产业链和特色产业开发，整合“禹上稻乡”公共品牌全产业链建设，各村经济效益显著提升，农村经济合作社股份分红让农民增收实现共同富裕。

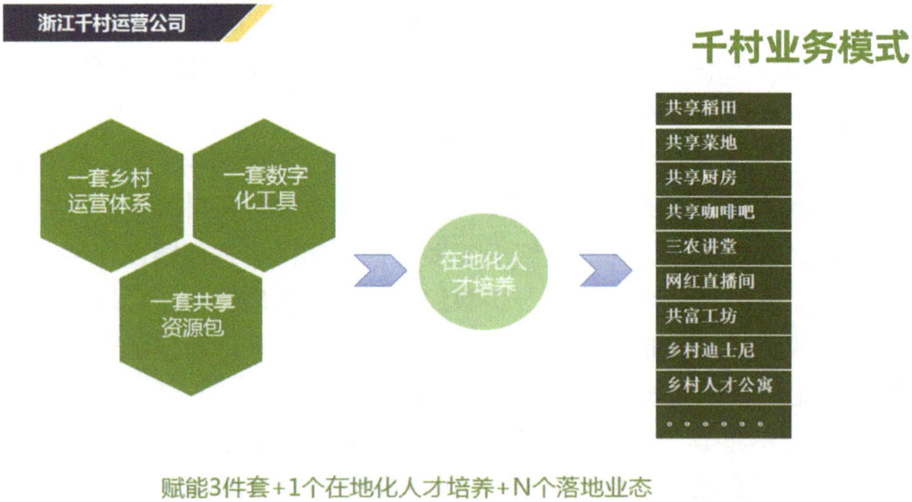

千村公司运营业务模式

现行模式在保证耕地红线和粮食安全的基础上实现提质增效，主要体现在“六个转变”。

1.变各自为战为抱团共建

8个村股份合作社组建联合体，共同出资统一谋划，既提升整体实力，又避免内部同质竞争，土地收入随流转单价提升不断增长，村集体每年福利、分红等按比例提升，农民在家门口即可创业致富，农民收入来源多元化，村民获得感、认同感提升了。

2.变零散耕作为规模耕作

原来碎片化分割的地块只能人工耕作，土地整理形成规模后就能投入设备进行机械化耕作，推进智慧农业转型，耕作成本降低了。

3.变粗放型种植为专业化种植

改变农户选种混乱、种植水平良莠不齐的局面，由专业团队精选良种，种粮大户专业种植，品质提升的同时，产量也提高了。

4.变传统经营为企业化经营

聘请农村职业经理人，以现代企业经营理念，通过规模优势增强整体销售议价能力，通过品牌塑造增强产品附加值，原来分散销售主要依靠国家收储，现在“线上＋线下”拓展更大市场，亩产收益提升了。

5.变单一农业为多元经营

与浙江大学等高校合作农业科研项目，设立中小学学农研学基地，推出以农田认养为主打的公益助农产品，打造田间民宿产品和企业团建生态基地等一系列农文旅衍生项目，农民创业渠道更宽了。

6.变碎片建设为整体规划

以美丽乡村“1510工程”为抓手，整体布局水渠灌溉体系、农田输电系统、农村交通路网，农村环境面貌更靓了。

三、实施乡村造梦师计划

2022年杭州市余杭区余杭街道推出全国首创的乡村人才计划，最初的目的是助力余杭街道城北8个村抱团发展，破解禹上稻乡2.0发展所面临的人才困境。

禹上稻乡1.0，在永安村实现了快速发展，得到了广泛的认可，得益于组织化创新、品牌化建设、数字化赋能（三化互促）。其中通过组织化创新，即成立村属公司（杭州稻香农业科技有限公司），招募农村职业经理人组建专业团队，按照“专业的事情交给专业的人来做”的理念进行权责划分，为整个项目的发展提供了巨大的源动力，激发了乡村运营的无限可能。然而，农村职业经理人是由区级农业农村局招聘的区级人才，对招募村有严格的招募门槛和要求，而禹上稻乡涵盖了永安、下陡门、溪塔、洪桐、上湖、仙宅、义桥、竹园8个行政村，除永安和竹园满足区级招募村要求，其他六个村暂时均无法达到该条件，无法引进人才激发乡村资源市场活力，乡村发展面临困境，禹上稻乡2.0版本面临巨大挑战。因此，在余杭街道党工委的带领下，通过“招募乡村造梦师”这一创新举措，为禹上稻乡八村实质性抱团发展，深度融合实现真正的区域发展提供人才保障，助力禹上稻乡2.0版本快速发展，也为禹上稻乡3.0版本做出更加坚实有力的探索。

乡村造梦师和农村职业经理人存在一定的区别。农村职业经理人所在村大部分是具备一定的优质基础，例如有明显的产业优势或者具有较大的知名度，对于运营来说，可以直接着手进行运营，能快速实现乡村资源市场化；而乡村造梦师所在的村庄，基础条件一般，乡村产业不强，产业基础偏弱，市场化资源有待开发。所以，乡村造梦师需要在这个环境中，依靠自己敏锐的市场嗅觉和资源整合能力，通过资源盘点、走访调查、沟通协调等方式深入一线，制定村庄发展路径和发展目标，并后续通过品牌规划、农产品衍生开发、营销模式制定、研学课程开发和文旅节庆活动策划等方式激发村民们积极参与的热情，持续带动村民共同富裕，缔造一个乡村振兴的致富梦、实现年轻人乡村创业成功的梦想。

第二节　品牌化建设助力村庄经营

品牌是一种识别标志（核心 IP）、一种精神象征、一种价值理念，是一种品质体现、一种传播亮点、一种竞争动力。乡村运营品牌化不仅可以提升乡村风貌、增加农民收入，而且能有效整合乡村空间区域内各种相关资源，实现产业和村庄融合发展，推动乡村资源的整体增值。有了知名度就具有凝聚力与扩散力，就成为发展的动力，乡村品牌是乡村经济的细胞，乡村品牌是强村富民的动力。

目前，国内外关于乡村建设品牌的认知不断增强，在资源利用、规划设计、建设主体、宣传推广、规范管理等方面都有一系列重大的理论探索和实践创新。但是，乡村品牌发展仍处于初步建设阶段，在村庄经营方面缺少相对成熟的思考探究，虽然很多乡村品牌的建设中已经包含了经营的内容，但是对于品牌与“乡村运营”结合的具体阐述和实践研究还很鲜见。

一、产业兴旺，发掘乡村品牌化的产业价值

乡村振兴战略中提出要实现产业兴旺，就必须实现乡村产业多元化、高价值发展，将丰富的乡村文化、农事体验和绿色消费打造成为综合性的乡村品牌。

乡村运营品牌化建设，县镇两级政府要发挥宏观指导作用，要从全域角度加强乡村运营品牌化建设在乡村振兴中的地位和价值，将乡村运营品牌化建设纳入当地农业农村发展的总体规划，牢固树立“以农立农”的产业兴农思路，将上级的相关政策第一时间落地，通过乡村运营品牌化建设助力乡村产业发展，同时，做好乡村治理、乡村生态和品牌化建设的融合发展。

二、生态宜居，彰显乡村品牌化的生态价值

生态宜居是乡村全面振兴的重点，也是乡村生态保护的现实需要和城乡融合发展的内在要求。生态宜居，主要包括社会文明度、经济富裕度、环境优美度、资源承载度、公共安全度五个方面内容。习近平总书记“绿水青山就是金山银山”的理念，为乡村建设指明了方向。良好的生态是乡村最大的资源优势和宝贵财富，宜居宜业和美乡村是乡村品牌化的根本内涵。

乡村品牌化不同于一般的企业品牌，乡村运营品牌化建设带有一定的“准公益性”，具备塑造、传播区域形象，普惠区域内其他企业和产品品牌，有利于政府公共形象。因此，乡村运营品牌化建设离不开政府推动，需要得到政府在媒体、渠道、土地、财政等资源的支持，以及相关政策的激励和引导，通过乡村运营品牌化建设改善当地的生态环境、促进农村产业发展，从而实现生态价值。

三、乡风文明，打造乡村品牌化的文化价值

习近平总书记指出，文化是一个国家、一个民族的灵魂。乡风文明建设就是从传统乡村文化中去芜存菁，挖掘并开发出具备正能量的文化内涵，并将其打造成具备产业属性的乡村品牌，因此，文化价值是建设乡村运营品牌化的重要内容。

找到根植于血脉之中的文化特征，乡村文化更依赖这些特征成长起来的传承文化，通过市场运作方式将这些内容固化为品牌。乡村品牌根植于乡村生产生活的特色服务，对于长期居住于拥挤、繁杂的城市居民而言存在天然吸引力，精心打造乡村独特资源，才能塑造乡村的独特文化魅力。

四、治理有效，建设乡村品牌化的社会价值

乡村运营品牌化建设不仅是一种经济或产业形式，更是对乡村治理体系的重新塑造，具体来说，乡村运营品牌化建设追求的不是单纯的经济效益，而是通过追求经济效益的形式，实现对乡村落后样貌的改造。治理有效是乡村运营品牌化的前提，而乡村运营品牌化又反过来提升乡村治理水

平。乡村运营品牌化建设是一项系统工程，具备内在规律和逻辑，是一整套由政策体系、价值体系、符号体系、产品体系、传播体系、渠道体系和保障体系等构成的有机整体。

五、生活富裕，拓宽乡村运营品牌化的经济价值

乡村运营品牌化建设是实施村庄经营的基础工程、前置条件，应优先于产品、业态设计和基础设施建设。通过乡村运营品牌化建设，可以利用品牌溢价能力提高农副产品收购价，可以加快一二三产业融合发展，为城市消费群体提供乡村旅游产品、餐饮产品、文创产品，共享城乡融合发展红利，实现共同富裕。

因此，乡村运营主体要吸收诸如新乡贤回归、新农人实践、数字化乡村导入等因素，运用新兴科技手段为乡村品牌市场化发展提供助力，如社交媒体赋予乡村品牌低成本、高效益传播的无限可能，“乡村直播”“网红”打卡、美食地图、数字化虚拟体验等随时都可能引发一波品牌营销传播的热潮，生成一个爆款产品。只有实现市场化力量的充分参与，才能调动乡村运营品牌化建设的积极性，提高品牌运营的持续性。

乡村运营品牌化建设的价值体现在多个方面，是由产业价值、生态价值、文化价值、社会价值和经济价值多维结合的价值共同体。其中，产业价值是品牌化建设的导向，生态价值是渠道，文化价值是诉求，社会价值是前提，经济价值是目标。只有实现五类价值的相互结合，才能够真正实现行之有效的乡村运营品牌化建设。

余杭区加强农村居民建房以土地集约和风貌管控为原则，提出建筑布局、建筑间距等有关要求，使村落形成较好的空间肌理。余杭街道积极开展围墙革命、河道整治、庭院革命，利用花草、树木、果蔬等打造美丽庭院，创建比例超过 80%，设置 6 处村庄网红打卡点，使得永安村具有较高的稻色乡村辨识度。

永安村以美丽乡村建设为抓手，保护和传承农耕文化沈家头精品区，鲜明、和谐统一的“禹上稻乡”LOGO标识系统。乡村整体呈现田园风貌，民居建筑呈现乡村特色，遵循杭派乡村传统肌理格局，民居与整体风貌协调呼应。对全村进行新识别系统的导入，统一永安村内部所有识别系统。

在导视系统布局上，将指示导引、田间路灯、指示牌、门头、介绍展示牌等品牌导视系统布局于村庄各处，如民宿、民食、民居、村头等。在空地进行绿化建设，在稻田周围进行花卉点缀，不同季节配合不同的花卉，做到风景四季缤纷。

积极培育永安大米、青黛蓝染、竹茶小径等特色品牌。依托阿里云、之江实验室数字农业云平台及各类互联网电商资源，推动集约化订单种植，链接新零售渠道，整合“禹上稻乡”公共品牌全产业链建设。举办线下峰会，开拓大宗B2B直采渠道。邀请知名主播“刘涛”直播销售农产品，抢抓直播经济风口，建立网络直播公共服务中心，拓展B2C渠道。目前首批打造的1500亩核心区块数字农业建设项目已完成实施顺利验收，永安大米也已正式入驻盒马鲜生、京东、天猫等大型电商平台进行销售。2020年“双十一”活动期间永安大米荣登天猫粮食类目第一名，累计销售额达1600万元。

打造“开镰节”“丰收月”等特色活动品牌，建设共享小院、亲子乐园、稻鱼共养基地、酿酒体验工坊等乡村娱乐阵地，丰富环保创意秀、稻香科技艺术节、稻田婚礼、田园间的民谣、草垛乐园、稻垛集市等游玩形式，提高小镇客流量，实现农文旅融合发展。“禹上稻乡”共接待游客约23万人次，带动农民增收超过500万元。在乡村旅游蓬勃发展的同时，鼓励农民发展民宿、农家乐等生态经济，通过开展特色采摘、农产品DIY等体验活动、拓宽蔬果、鱼虾、家禽家畜、菜籽油产品等绿色农产品以及青团、粽子、年糕、米白酒等土特产的销售渠道，促进农民在“家门口”增收致富。

日本在20世纪50年代末首次提出并成功推广“一村一品”模式后，其基本理念在我国当下的乡村振兴中已被广泛接受。“一村一品”，是以村为基础，充分发挥本地优势，使一个村拥有一个或多个市场潜力大、区域特色明显、附加值高的主要产品或产业，从而快速提升经济实力的农村经济发展模式。

随着“一村一品”的发展，虽然定义“村”的地域范围突破了行政意义上的村庄，但概念的核心要素始终未变：立足于当地文化、自然、传统等资源优势，根据市场需求选择和培育具有地方特色和市场竞争力的特色产品和主导产业，提升区域市场竞争力，提高当地市场经营能力和农村经济水平，推动传统农业向现代化农业发展。

第三节　数字化赋能助力村庄经营

2023年中央一号文件提出，要深入实施数字乡村发展行动，推动数字化应用场景研发推广。数字乡村建设不仅是乡村振兴的重要任务之一，也是推进数字中国建设的重要内容。浙江省是推动乡村数字化建设的先行区，通过“千万工程”基本完成乡村数字化全覆盖，但还存在有数字基础设施但数字平台普及率不高；农村干群有数字意识但数字平台应用率较低；数字平台便捷但业务办理范围较狭窄等问题。

一、数字化乡村建设是未来乡村的基础工程

数字化乡村建设是推动农业农村现代化发展和转型的必然要求，也是高质量实现乡村振兴目标的策略选择。基层干部要将数字化技术与乡村建设相融合，将网络资源、信息资源、技术资源和人才资源相结合，真正释放数字乡村建设价值，实现数字生产、数字生活和数字治理，将数字乡村建设优势转化为乡村振兴高质量发展的实际效益。

将数字化技术与农业相结合，实现数字生产与销售。基层干部要依据乡村实际情况充分利用网络资源和技术资源因地制宜发展高质量的经济，利用数字化信息技术，发展以绿色、健康为需求的新产业，增强乡村吸引力，提高乡村的制造业和服务业水平。将信息技术与乡村实体经济融合，形成“农业生产＋电商、农业销售＋电商”的新业态，一方面，通过数字化技术改良农产品品种，促进农业生产提质增效，另一方面，通过电商平台，扩大市场和销售路径，提高乡村经济效益和基层农业生产质量。

拓展数字平台的应用功能。乡村数字平台的功能设置应与农民的生产生活紧密联系，除事务办理功能外，一是要积极开发村务线上公开、村庄线上宣传等各项功能，增强村民的使用黏性。二是要分类整合各项功

能，打造“一站式”平台。对各类功能相近或相似的事项办理窗口进行整合，实现功能互联，减少平台窗口和链接，同时突出事务办理版块。三是要明晰和简化办事流程。一方面，在数字化事务办理过程中，厘清所需材料，理顺办事环节，明确所需时间；另一方面，简化不必要的办事流程，让“数据多跑路、群众少跑腿”。

要大力提高村干部的数字素养。通过培训讲座、交流学习、年轻干部带老年干部等方式，提升村干部的数字素养，特别是要增强村干部操作手机或电脑端口数字办事平台的能力。精准对接农民需求，通过入户走访、院坝会、村民代表大会等方式听取村民意见，理出村民线上办理事项的需求清单，明确村民的线上办事需求与数字平台所提供服务之间的差距。

二、数字化农业链接“田间”与“指尖”

永安村引进主粮耕、种、收环节中的新机械与新技术，推广农业领域“机器换人”，制定全程机械化、标准化、专业化的“套餐式”粮食种植、生产作业流程，提升农业自动化水平。依托“农安码”应用打造粮食质量监管的“指尖农业”体系，扫码即可准确掌握农产品从生产、加工、流通、仓储到销售等全过程的信息，确保粮食生产的质量安全可追溯，有效提升了农业领域智慧监管水平。

围绕提升乡村乐趣，焕发乡村活力，创新认养农业新模式，使小镇成为城里人心心念念的“一亩三分地”。预留土地作为“农业认养”项目基地，开发“数字稻田认养”小程序，根据时长、主体，定制不同类型的5款套餐及2种认养模式，游客线上下单完成农田短期租赁实现“共享”，即可亲自体验作物播种、育苗、生长、收获全过程。同时，通过田间高清摄像头，“租户”也可24小时远程查看农作物的种植长势，体验种植乐趣，以累计500多亩农田被55家企业和80个家庭认养，增加收入400余万元。

三、开创数字生活新服务模式

2020年9月，永安稻香小镇启动第一期数字农业项目建设。一是引进智慧农业系统，实现稻田认养数字化，通过智慧认养小程序，给客户提供专属管理体验。二是推进“农安码”应用，链接“田间”与“指尖”，确保粮食生产质量安全可追溯。三是依托阿里云、谷绿农品数字农业云平台，永安大米入驻盒马鲜生、京东、天猫等大型电商平台，直播带货、书记代言等方式拓宽了农产品营销渠道。四是建设智慧大屏，实现“一张图”全产业体系管理，实现稻田生产、农产品溯源、数字稻田营销等各类数据可视化。五是建立村域 VLOG视频打卡点，借助自动短视频剪辑系统，为游客带来全新的短视频农旅体验。此外，还进行了 5G信号塔核心区块的布置，使 5G信号覆盖整个稻香小镇核心区域。

永安村第一期数字化建设推进，为稻香小镇创建数字生活新服务工作打下了良好的基础；充分利用阿里云、谷绿农品、浙江大学等创新企业和科研机构，具有强大的技术和智力支撑。现有的专业化管理和运营团队得到了余杭区政府政策的大力支持，保障稻香小镇数字化项目有效落地。

稻香小镇以数字乡村建设为重点，通过“数字农业二期”开展“杭州市数字生活新服务特色数字乡村”创建，以数字乡村建设为中心，数字农业建设为基础，推进小镇数字商贸、数字文旅、数字出行、数字治理发展升级，打造数字乡村、数字生活新服务全国样板。

通过数字驾驶舱建设，让全村资源信息情况得到可视化，便于提升村级治理水平和农业生产效率，也便于给游客做展示介绍；通过数字治理及时发现村域范围异常情况，并实现定向指令发送，让事件处置更加精准高效；通过数字农业建设，农产品的生产通过环境检测、生长智能检测、病虫害检测等提升生产管理水平，测土施肥做到“药肥双制”，节约成本减少污染，农产品销售实现线上可追溯的农产品全链路管理；通过智慧旅游建设，智能统计人流车流情况，进行核心区块的管理，重点区域 3D建模，增加游客线上体验度，智慧分销系统让农文旅产品销售更加高效；同时，增设村务服务、健康服务、便民服务、游客服务等智慧智能设备，可以极大便利村民和游客。

以永安村为典型代表的“农村职业经理人制度”探索，不仅是“千万工程”在余杭得以贯彻实施的生动实践，更是乡村全面振兴、实现共同富裕的成功案例。永安村在基本农田得以保护的前提下，坚持“以农立农”的乡村经营原则，通过“组织化创新、品牌化建设、数字化赋能、体系化服务”，做长做强以水稻为核心的全产业链，以农文旅产业融合和城乡一体化，走出了一条乡村振兴和共同富裕的永安“稻”路。

X I A N G C U N Z H E N X I N G

附 录

附录内容主要有《光明日报》《农民日报》《浙江日报》等媒体的报道，以及余杭街道永安村村规民约、禹上稻乡入驻合作协议、永安村村属企业（杭州稻香农业科技有限公司）管理办法和永安村村歌。

附录一 媒体报道

媒体报道之一：《光明日报》 2023年6月17日

杭州市余杭区：以人才赋能乡村市场化运营

（何甲）

日前，杭州市余杭区余杭街道“禹上稻乡”强村管理公司成立。作为千年古城，余杭街道通过人才引入和乡村市场化运营，在新时代深耕乡村振兴实践，做深“美丽乡村”后半篇文章。

“禹上稻乡”涵盖余杭街道苕溪以北8个乡村，以土地大规模流转为抓手，走出了一条农业高质高效、农村宜居宜业、农民富裕富足的三农“稻”路。

整合各村资源后，余杭街道着眼市场化运营，在永安村引入职业经理人，负责专业化管理乡村运营公司，有效推动一二三产业融合发展。2022年，永安村接待游客达13万人次，创收200万元，集体经济收入达505万元，改变了以往乡村运营团队缺乏专业人才、村级资源难以市场化运作的局面。

除“职业经理人”外，余杭街道还创新形式招聘8名“乡村造梦师”。经过组织化培养后，这支充满活力的队伍向“禹上稻乡”所涉地区定向化输出已颇见成效的“永安模式”，带动各村同频共振。

在培养强劲的人才队伍的同时，余杭街道积极打造专业的“禹上稻乡”公司矩阵。今年，街道不仅成立了“禹上稻乡”强村管理公司，还推动具有丰富经验的永安村杭州稻香小镇农业科技有限公司和由浙江大学农业专家组建的浙江芒种乡村运营有限公司“强强联合”。3家公司“各司其职”，共同将“禹上稻乡”的成功经验进行进一步复制。芒种公司负责品牌研究、战略规划等，稻香小镇农业科技公司专注落地运营，将“愿景”变成“实景”。浙江千村运营有限公司计划通过组团式和片区化打造，实现数字化平台快速扩张，3年内实现运营1000个村，成为中国乡村运营领军品牌。

“禹上稻乡”共富品牌既是千年古城创新驱动的生动实践，也彰显余杭区深耕乡村振兴地域实践的包容和决心。未来，余杭区将继续发挥基层党组织链接资源、聚合要素、统筹力量的纽带作用，深耕乡村组团式片区化发展，践行地瓜经济理论，书写乡村市场化、专业化运营新篇章，绘就新时代乡村振兴“富美画卷”。

媒体报道之二：《农民日报》　2023年7月22日

乡村CEO，如何叫好又叫座？

——来自浙江杭州市余杭区的探索实践

（高飞　朱海洋　高建）

“千万工程”持续20年，带给乡村的变化有目共睹，但有识之士也发现，光有颜值还不够，更得打通“两山”转化渠道，变美丽乡村为美丽经济，实现可持续发展的同时，更好造福农民群众。于是，与乡村建设相伴相生的乡村经营成了迫在眉睫的新课题。

关键谁来经营？近几年在浙江，“乡村CEO”迅速走红，并且燎原蔓延至全国，跻身为一种新职业。CEO又叫首席执行官，在企业司空见惯，到了乡村却是前所未有。不过也好理解，当乡村从治理走向全面发展，引入“外脑”十分必要，毕竟专业人做专业事。

单村聘请CEO，杭州市余杭区或许并非首吃螃蟹，但从地方层面进行整体谋划，确属开创先河。2019年开始，当地广发“英雄帖”，前后引进了22名乡村CEO。4年下来，有CEO的村庄发展速度和各项指标明显高于其他村，迸发出勃勃生机。

对农村职业经理人的价值毋庸置疑，关键是进入实操环节后，如何解决一系列问题，怎样开展经营，能否强村富民。那么在余杭，有哪些经验可循，何以叫好又叫座？

从单枪匹马到团队作战

杭州西郊的余杭街道永安村，苕溪穿村而过，驱车在此，阡陌稻田扑面而来，让人心旷神怡。街道副主任王波坦言，风景虽美，但由于这里地处非常滞洪区和永久性基本农田保护区，发展空间捉襟见肘。以永安村为例，2017年时，集体经济只有区区28.5万元。

余杭经济发达，永安此等收入实乃微薄。不过，士别三日当刮目相看，去年，该村集体经济经营性收入达505万元，几乎每年翻番。记者采访时，正值雨天，还是周三，村里依然停了不少大巴，皆是外地慕名而来。平常考察忙，周末研学热，人气不间断。

“永安村有今天，刘松功不可没。”座谈会上，当了20年村党组织书记的张水宝感慨道。刘松正是3年前村里引进的CEO，两人虽有年龄差，却无距离感。书记主抓村庄管理，刘松专注村庄经营，配合默契，此呼彼应。

作为外乡人的刘松，并没有因为语言不通等而感到束缚。农学出身的他从未离开过农业，拥有近十年的企业管理经验和市场资源，让他反倒更加如鱼得水，推动永安村走出了一条独特“稻”路，自己也完全融入村庄。

“职业经理人光杆司令肯定不行，要想经营好乡村，还是得靠专业化团队。”眼下，刘松旗下已扩充至十六七人，产品营销、项目申报、活动策划、政务接待等悉数有专人负责。值得一提的是，村里还和第三方团队成立“千村运营公司”，向外输出经营经验。

永安村的案例十分典型。不少CEO到了村里，往往水土不服，面对繁杂的村庄事务，分不清是总经理，还是村务员。对此，余杭鼓励村社厘清职责边界，尽量避免让他们深陷村务，专心聚焦经济事务，同时给予更多资源支持，使其各展所长。比如，从针对CEO个人基本年薪的财政补贴，到开展对运营团队的年度考核，就是余杭的一项创新。

如今在余杭，越来越多的乡村CEO不再单枪匹马，转而团队作战。与刘松同一批，进驻青山村的杨环环是个"湘妹子"。刚到时，该村产业并不多，但很快她就找到了方向，依托艺术设计和公益文化做文章。短短几年，村里引进各类业态近30家，为村民提供就业岗位近300个，回乡创业青年就有50多人。

盛夏时节，"在青山·群响艺术季"拉开帷幕。160余位来自不同领域的国内外艺术家和创作者，为青山村带来了百余个艺术项目，引得年轻人追捧。作为"经济管家"的杨环环，自然得挑起大梁。身后则是整个团队，同她一样都是年轻人。在村里，既是工作，也是生活，每个人都很享受这样的状态。

从模糊定位到品牌经营

唐文铭，余杭乡村CEO中为数不多的本地"土著"。小古城村因"国保"单位——小古城遗址坐落于此而得名，更因乡村治理声名远播，"众人的事情由众人商量"就是在这里被提出。在唐文铭看来，他的职责在于如何变流量为"留量"，变名气为"财气"。

这个课题不止在小古城村。谈及产业，没有一个村不明白其重要性，因此在起步阶段，碰到有意投资的，不管萝卜青菜，装到篮子里都行。最后，啥都有一点，却啥都不精，给外界的认知更是模糊，找不到任何竞争优势。记者走访的几个村，职业经理人到来后最大的变化就是定位精准、特色显著，当地称为品牌经营。

通盘考量后，唐文铭将产业锁定亲子游。于是，建设、招商、营销等皆有了明确方向。光看这几年所开发的项目便已洞晓：彩虹滑道、古灵精乐园、苕溪营地、竹林迷宫等，延伸开来的还有结合一产，推出一日茶农、小小笋农、果蔬采摘等体验项目。

游完以后带点啥走？唐文铭瞄准“后备箱经济”，将土特产、手作糕点、手工艺品等文创设计后，冠以“小古城风物”品牌，成了精致的伴手礼。数据显示，去年，全村农文旅综合收入8000余万元，村属公司实现营收突破300万元，村集体经济总收入超1000万元。

径山村与小古城村同辖于径山镇，该村有千年古刹径山寺，还有地标产品径山茶。姜伟杰入职后，思考最多的就是如何用好“金字招牌”，他从“造节”入手，举办首届喫茶节。果然奏效，过去上下山的客流量很快被引到了村里。

这几年，径山村所有经营活动都围绕茶叶来，将“径山茶宴”、径山茶的炒制技艺、茶筅的制作技艺等非遗文化，演变成可体验、可消费的项目；布局茶十二工坊，打造喫茶一条街，打造“茶仙子”电商直播共富工坊。为了更加形象可感，村里还推出了“径灵子IP”，拍摄儿童电影《茶宴的秘密》《亲近径灵子》，“到径山，喫茶去”的口号逐渐深入人心。

如今，余杭乡村揽客各有各的招儿。亲子游去小古城村，爱茶者去径山村，对艺术感兴趣的去青山村，崇尚体育运动的就去新港村。两个11人制标准室外足球场、两个标准篮球场、一块2000平方米波浪道场地……各种硬件设施外加各类活动赛事，让新港成了远近闻名的“体育村”。

“像这个足球场，是全省的青少年足球基地，平时承接各个中小学校的足球赛事，还能开展橄榄球、飞盘等体育活动。以体育为核心，再衍生出采摘、露营、民宿等多业态，满足多元消费需求。”新港村的乡村CEO常英娇深有体会，方向明确后，引来的资源愈发集聚，比如各类体育俱乐部时常登门，“坦率地讲，现在已不是招商，而是根据定位选商。”

从单村发展到片区组团

记者发现，乡村CEO在余杭开始跳脱人的层面，他们就像一颗颗种子，破土而出后茁壮成长，带来的不止经济效益，更重要的是经营理念，以此激活一池春水。这种效应传导，尤其体现在周边村庄，由于地缘相邻、文化相亲、产业相近，抱团发展水到渠成。

在余杭区农业农村局局长吴建中看来，就单个村庄而言，资源有限，很难满足吃住游乐购等多元化消费需求，但如果打破行政村疆域，按照市场化进行资源配置，采取组团式、片区化发展，就能实现优势互补。对于乡村CEO而言，所掌握的资源越多，自然越有用武之地。

在苕溪北岸，余杭街道有8个村，大家所面临的共富难题是相同的，永安村的逆袭让大家看到了路径和希望。如今，八村共同打造“禹上稻乡”，一起举办农事节庆活动，还成立了一家公司，梳理盘点各类资源，实行资产统一、运营统一。利益联结后，一荣俱荣一损俱损，各村谈的都是发展大计。

为更好推进抱团，余杭街道还出资招聘了“7＋7”的乡村造梦师和乡村造梦师助理，分别实际操盘其余七村，配合刘松开展整体化运营。对于片区带来的好处，刘松的感知是最直接的。眼下，八村在统一品牌之下，又彼此形成差异化、互补化，像永安村主推“全景稻田体验游”，溪塔村打造“田园特色安心宴”，活动举办此起彼伏，经营内容越来越丰富。

在小古城村，早在两年前，就同周边的潘板桥村、求是村、漕桥村和桥头社区联合成立“小古城乡村新社区”。平日里，四村一社区经常召开联合支部会议，讨论旅游、产业、招商三本账，也成立了乡村新社区强村公司“古城控股”，负责域内项目开发、资源统筹、产业壮大。

“片区发展对于我而言，既是挑战，更是机遇。”唐文铭认为，突破要素瓶颈后，无疑注入了新活力。接下来，“古城控股”将分板块，从文旅、农业农村、研学、物业服务、营销策划等全方位发力，通过市场化运作，实现互促互进、共同发展。

据了解，目前在余杭，多元合作、抱团共富已被“点燃”，共有40多家乡村运营公司。去年，全区村集体经济经营性收入9.44亿元，村均达660万元，全面消除村经营性收入100万元以下薄弱村。

余杭区副区长吴伟强表示，作为国家首批乡村振兴示范县，余杭把促进农村农民共同富裕作为重点和突破点，用市场化改革引领新型农村集体经济发展，职业经理人、片区组团等都是重要的机制创新。“接下来，我们将全面实施‘和美余乡’三年行动，探索东部沿海地区推进农业农村现代化的‘余杭实践’，努力将余杭打造成为全国乡村振兴的县域典范。”

媒体报道之三 :《浙江日报》 2023年6月8日

余杭：引才聚才强村富民

（周静　何甲）

近日，杭州市余杭区余杭街道以“乡村造梦师”培育基地和大学生实训基地为依托，在党群服务中心组织开展“乡村造梦·青春建功”主题活动，8位村书记被聘为街道首批“乡村造梦师成长导师”。据介绍，“成长导师”将指导“乡村造梦师”在本土文化融入、乡民对接等方面内容，以“业务专精＋本土融入”为核，建立起功能完善、指导全面的“双导师”体系。他们手中的一纸聘书，标志着乡村造梦师“双导师”机制正式建立，将为“乡村造梦师”融入乡村、引领乡村再添新动能。

近年来，余杭街道创新形式招才纳士，面向全国广发“英雄帖”。通过“造梦践地游”“解梦圆桌会”等形式，考察应聘者乡村致富项目运营理念，择优录用6名乡村造梦师，涵养乡村职业经理人的后备队，推动乡村市场化、专业化运营再上台阶。

人才聚拢后，如何让人才发挥最大效能，积蓄成乡村振兴的不竭动能？余杭街道积极落实轮岗制度，推动“乡村造梦师”熟悉数字、产品、营销等板块运营，通过理论学习、业务实操、研学交流、比拼赛智等多元活动赋能“乡村造梦师”锻造，进一步完善“引育用留”全链条体系，打通“造梦师－CEO”成长转化通道，探索出极富余杭特色的“阶梯型”乡村人才队伍建设路径。

除此之外，余杭街道还积极打造专业的“禹上稻乡”公司矩阵，带动乡村运营模式的推广，推动“禹上稻乡”共富品牌提能升级。今年，该街道不仅成立“禹上稻乡”强村管理公司，还推动具有丰富经验的永安村杭州稻香小镇农业科技有限公司和由浙江大学农业专家组建的浙江芒种乡村运营有限公司“强强联合”。3家公司各司其职，共同将“禹上稻乡”的成功经验复制到各地。比如，芒种公司负责品牌研究、战略规划等，稻香小镇农业科技公司专注落地运营，将“愿景”变成“实景”。

深耕乡村运营领域的浙江千村运营有限公司负责人表示，该公司积极打造数字化系统，举办点亮乡村沙龙活动，承接运营外部乡村，计划3年内通过组团式和片区化打造，以数字化平台快速扩张，实现运营1000个村，努力成为中国乡村运营领军品牌。

余杭街道举措频出，以“人才兴”和“运营强”催动“禹上稻乡”焕发勃勃生机。这也是余杭区把引才聚才引领共富作为传统乡村转型发展的主动力，探索深耕乡村振兴共同富裕新路径的一个缩影。未来，余杭区还将继续以全国首批乡村振兴示范县创建为抓手，坚持人才为第一资源，创新为第一动力，充分发挥基层党组织链接资源、聚合要素、统筹力量的纽带作用，探索以人才驱动引领强村富民的新实践，书写乡村市场化、专业化运营富美新篇章。

附录二　余杭街道永安村村规民约

第一章　总　则

第一条　为全面深化基层民主法治建设，促进解决农村基层治理中的实际问题，促进家庭和谐、邻里和洽、家园和美，保障村民群众安居乐业，加强基层政权建设，根据《中华人民共和国宪法》《中华人民共和国村民委员会组织法》和有关法律、法规、政策，经村民代表会议讨论并征求全体村民意见，制定本《村规民约》。

第二条　坚持党的领导，坚持法治、德治、自治相结合，培育和践行社会主义核心价值观和当代浙江人共同价值观，倡导爱国敬业、诚信友爱、崇德向善，传承优良传统文化，树立良好村风民风。

第三条　本村村民应当自觉遵守本《村规民约》。党员村民要带头遵守本《村规民约》，充分发挥先锋模范作用。居住在本村的外来人员，参照遵守本《村规民约》。

第二章　婚姻家庭

第四条　遵循婚姻自由、男友平等、尊老爱幼原则，共建团结和睦的家庭关系。

第五条　夫妻双方在家庭中地位平等，应互尊互谅，共同承担家庭事务，共同管理家庭财产，反对家庭暴力。

第六条　提倡一对夫妻生育两个子女。本村村民都应自觉实行计划生育，做到无违法生育、无大月份引产、无弃婴溺婴、无非法收养、无非医学需要的胎儿性别鉴定和非医学需要的人工终止妊娠行为、无计划生育重大突发事件和恶性事件。

第七条　子女应尽赡养老人义务，关心老人、尊重老人。外出子女要经常回家看望父母。父母应尽抚养未成年人子女和无生活能力子女的义务，不虐待儿童。

第八条　倡导立家规、传家训、树家风；倡导文明新风，喜事新办，丧事俭办，不铺张浪费，不盲目跟风攀比；不搞封建迷信活动，不搞宗派活动。

第三章　关爱帮扶

第九条　关爱特殊群体。对年满60周岁以上的老年人、现退役军人、困难党员、困难学生、困难残疾人家庭，村委每年将根据本村集体经济实际情况，留取一部分资金，列入村级财务预算，提交村民代表会议通过，用于年终慰问。

第十条　重视文化教育，鼓励学生重点院校培养。保证符合入学条件的儿童接受九年制义务教育，为适龄青少年提供良好的学习环境。村委对被一本专业录取的本村学生在当年度一次性奖励贰仟元；对考取北京大学、清华大学、浙江大学的本村学生在当年度一次奖励伍仟元。

第十一条　发挥党员、组长和村民代表带头作用，主动开展关爱活动，帮助解决问题。

第四章　家庭邻里

第十二条　坚持互尊互爱、互帮互助、互让互谅，共建和谐融洽的邻里关系。

第十三条　提倡邻里守望，邻居外出走亲访友、务工经商，应帮助照看，遇到异常情况及时联系相关人员，主动关心和帮助孤寡老人和残疾人员。与外来人员和谐相处，不欺生、不排外。

第十四条　孩子之间发生冲突，家长首先教导自家孩子；注意呵护孩子自尊，避免在公共场合责罚孩子。

第五章　美丽家园

第十五条　积极配合参与“五水共治”“三改一拆”“四边三化”，

共建美丽家园、共创美好生活。

第十六条 深入践行"三个全域"建设理念，共同遵守村庄整体规划，保护耕地，不搞违章搭建，积极配合美丽乡村精品村建设，紧紧围绕基础环境整治，认真落实不雅建筑拆除工作。

第十七条 共同维护村庄整洁，认真做好包卫生、包绿化、包秩序"门前三包"；配合政府开展垃圾分类和减量处理，严禁向河道、道路等公共场所倾倒垃圾和污水。

第十八条 增强生态环保意识，树立垃圾分类观念。实行从源头抓起，定时定点回收垃圾，做到设施齐全完整、位置固定、摆放合理。确保做到垃圾清理日清日结，由专人统一回收后，按垃圾分类要求倾倒到指定地点。

第十九条 开展低散乱专项整治行动，加大低小散差产业的排查力度，对无证无照经营企业、无安全保障的企业（作坊）、无合法场所及危房内的企业（作坊）、无环保措施的企业（作坊）进行全面整治，并且严格落实房东责任制，明确出租房内一律不得开设生产加工类单位。

第二十条 关于最美人物、最美家庭、最美庭院的相关评选标准。以自荐与组织推荐相结合的方式产生候选名单，由村民代表对候选名单进行走访、调查、核实，确认后由村民进行投票选举产生。

第六章 平安建设

第二十一条 大力发扬主人翁精神，积极参与平安村创建活动，积极参与平安志愿者、义工、义务巡逻等群防群治活动，共同维护村庄平安和谐，共享平安建设成果。

第二十二条 支持配合和积极参与"网格化管理、组团式服务"，发现安全生产隐患、社会治安问题、食品药品安全隐患、环境污染问题、各类矛盾纠纷以及各种可疑人员，应及时告知网格员、村民小组长和村干部，发现违法犯罪行为的，及时报警。

第二十三条 家庭有易肇事肇祸精神病人、刑释人员或误入邪教人员的，要加强教育引导和管理帮扶，发生异常情况及时向村党组织和村民委员会报告，并配合做好相关工作。

第二十四条 提倡用协商办法解决各种矛盾纠纷，协商不成功的，可申请到村、街道调委会调解，也可依法向人民法院起诉。依法理性表达利益诉求，不得无理信访、越级信访和集体上访，不得闹事滋事、扰乱社会秩序。

第二十五条 主动做好平安宣传，村民之间、家庭成员之间要互相提醒帮助、教育监督，不沾“黄赌毒”，不参加邪教组织，不参与传销活动，严防发生火灾、生产、交通、溺水等安全事故。

第七章　经济发展

第二十六条 树立勤劳致富、自主创业的择业理念，更新就业观念，努力实现充分就业。

第二十七条 爱护村级集体资产（办公场所、房产、道路、电力、通信、水利设施、健身场所等），参与村级集体资产管理。

第二十八条 爱护公共设施，不破坏公共绿化，不损坏电线电缆，不占用公共场地；村内停车要保证其他车辆过往畅通。

第二十九条 在主张权利时，不损害国家、集体和他人的合法权益。

第三十条 积极支持和配合村级集体发展。集体资产购建严格执行《余杭区村级集体工程项目管理办法》，村级财务收支公开透明，村民有权监督。

第三十一条 关心集体，支持村级公益事业，积极参加村民会议，服从和执行村民会议和村民代表会议决定。

第三十二条 鼓励农户进行土地规模流转，支持村委引进高效生态农业项目和科技型农业企业，实现农业现代化。

第八章　民主参与

第三十三条 积极参与村级民主管理，珍惜自身民主权利，坚持从本村公益事业发展和全体村民共同利益出发，认真提建议、做决策、选干部。

第三十四条 严格遵守村级组织环节选举纪律，自觉抵制拉票贿赂等违法违纪行为，不以个人关系亲疏、感情好恶、利益轻重为标准进行推荐和选举。

第三十五条 应推选奉公守法、品行良好、公道正派、廉洁自律、热心公益，具有一定文化水平和工作能力的人员担任村干部。

有以下情形之一的，不能确定为村级组织成员候选人（自荐人），如果当选，当选无效：

（1）被判处刑罚或者刑满释放、缓刑期满未满5年的；

（2）违反计划生育未处理或者受理后未满5年的；

（3）涉黑涉恶受处理未满3年的；

（4）受到党纪处分尚未超过所受纪律处分有关任职限制期限的；

（5）丧失行动能力的。

有以下情形之一的，不宜确定为村级组织组织候选人（自荐人），如果当选，本人应主动辞职：

（1）煽动群众闹事、扰乱公共秩序的；

（2）有严重违法用地、违章建房行为拒不整改的；

（3）长期外出不能正常履行职务的；

（4）有辞职承诺情形的；

（5）被评为不合格党员的；

（6）道德品质低劣，在群众中影响较坏的。

第九章　村民“十不”行为规范

第三十六条 不乱扔垃圾。

第三十七条 不随地吐痰。

第三十八条 不乱挂乱晒。

第三十九条 不乱停乱放。

第 四 十 条 不乱穿马路。

第四十一条 不插队抢位。

第四十二条 不破坏绿化。

第四十三条 不损坏公物。

第四十四条 不乱搭乱建。

第四十五条 不在公共场所吸烟。

第十章 附则

第四十六条 为有效实施本《村规民约》，凡违反本《村规民约》拒不改正或拒绝接受处理的，按以下规定处理：

（1）华数电视“三务公开”栏目曝光；

（2）批评教育，并在村民代表大会上通报；

（3）暂停建房审批、困难救助等其他申请报批，待行为纠正后恢复；

（4）暂时取消参与村级各项先进评选资格，行为纠正后恢复。

第四十七条 本《村规民约》可根据实际情况适时进行修改和补充。

第四十八条 本《村规民约》由村党组织和村民委员会负责解释。

第四十九条 本《村规民约》自村民会议通过之日起实施。

中共余杭街道永安村委员会
余杭街道永安村村民委员会
2021年3月30日

附录三　禹上稻乡入驻合作协议

甲　方：杭州稻香小镇农业科技有限公司

乙　方：

签订日期：　　　年　　　月　　　日

甲方：　　　　　　　　　　　　乙方：

法定代表人：　　　　　　　　　法定代表人：

地址：　　　　　　　　　　　　地址：

鉴于：

1.甲方作为杭州市余杭区余杭街道永安村的村属公司，在禹上稻乡负责重点引进孵化农业技术、电子商务、信息技术等与农业相关产业，具有禹上稻乡的产业投资管理及禹上稻乡资产管理等经济职能。

2.乙方是在依法设立的公司，经营范围，在领域有着巨大优势和利好发展前景。

3.经乙方对甲方的环境实地考察，双方本着互惠互利、协作共赢的原则，现就乙方入驻禹上稻乡等事宜与甲方达成如下协议：

第一条　进驻场地及使用

1.甲方为乙方提供办公场所，位于<u>杭州</u>市<u>余杭</u>街道<u>永安</u>村，建筑面积_______m^2（含公摊面积，以竣工查验报告为准），期限<u>10</u>年。

2.甲方负责该办公场所的设计、装修，并为乙方在该场所内配备基本办公设备设施及家具（包括公共区域内的装饰装修、室内装修、网络水电等配套设施），乙方有权向装修设计人员提出装修建议（包括但不限于LOGO使用、风格设计、空间布局设计等）。

3.甲方免收乙方该办公场所及配套设备设施、办公家具________年租金，物业费、水电费等因使用而产生的费用由乙方承担。

4.甲方向乙方收取装修押金3万元，仅首年收取，合同到期后在乙方退出交付后一周内退还乙方。

5.甲方享有该办公场所的处分权，保证乙方使用期间无他方对该办公场所提出权利主张。如遇他方对该办公场所主张权利影响乙方办公使用，甲方须于内另行安排条件、面积相当的办公场所供乙方入驻，并承担由此产生的费用及给乙方造成的损失。

6.甲方装修完毕经乙方验收合格后双方签订租赁协议，租赁协议的签订日为乙方正式入驻之日。

7.未经甲方及相关部门同意，乙方不得自行将该办公场所转租。

第二条 甲方的权利义务

1.考核

（1）自正式入驻之日起甲方对乙方的运营成果进行年度考核。

（2）如乙方未能达到甲方的考核标准，甲方有权要求乙方支付办公场所及配套设施设备、办公家具当年租金________元，考核成绩经双方确认签字之日起本协议终止。

2.企业优惠政策

（1）甲方积极帮助乙方与当地高校、企事业单位、电商等相关行业联盟协会建立合作，为乙方进行新闻媒体宣传报道。

（2）乙方入驻除享受禹上稻乡的优惠政策外，还可以享受省、市、区、街道政府的招商引资若干规定政策。

第三条 乙方的权利义务

1.乙方认同甲方提供的投资环境条件和优惠政策，同意入驻并在甲方提供的办公场所开展相关业务。

2.乙方入驻后，经常性办公人员不少于一人，倘若空间闲置超过六个月以上，则自动退出入驻，不再享有当年入驻政策。

3.乙方入驻期间不从事与办公空间业态不符的生产加工、营销活动、展示展销等，不对其他入驻企业造成严重影响。

4.十年合作期满后续约，在同等条件下乙方享有本协议所载办公场所优先租赁权；合作期满后不续约，乙方迁出结算完毕并办理注销登记，甲方提供的设施设备、办公家具等资产归甲方所有，如有损毁，乙方负责恢复原状或赔偿。

5.乙方对办公场所的装修、格局等进行变动需取得甲方事先同意。

第四条　保密约定

双方及其代表提供给对方的所有文件（包括纸质和其他介质文件）和客户资料都属机密信息，应妥善保管。在未征得对方同意前，不得用作任何与双方合作内容无关的用途，也不得向第三方透漏或许可第三方使用。一方违反保密条款约定造成对方损失的，除对损失进行赔偿外，应支付对方违约金________元。

第五条　其他事项

1.本协议的变更必须由双方协商一致，并以书面形式进行。双方合作的范围不局限于协议内容，可随双方业务发展作相应修改。

2.本协议自双方法定代表人或授权代表签章并加盖公章之日起生效。未尽事宜及所述事项具体实施细则，由双方另行协商，并签署相关文件。

3.本协议未尽事宜，双方可友好协商。因本协议发生争议，任何一方可向甲方住所地人民法院起诉。

4.本协议一式四份，双方各执两份，具有同等法律效力。

甲方（盖章）：	乙方（盖章）：
法定代表人或授权代表（签字）：	法定代表人或授权代表（签字）：
签署日期：	签署日期：

附录四　永安村村属企业（杭州稻香农业科技有限公司）管理办法

根据《浙江省农村集体资产管理条例》规定，村集体经济组织对其独资、控股、参股的企业或者其他经济组织，应当通过制定、参与制定该企业或者其他经济组织章程的方式，建立权责明确的内部监督管理和风险控制制度，维护本集体经济组织及其成员的权益。现结合我村实际情况，对下属企业杭州稻香小镇农业科技有限公司（以下简称稻香小镇）制定以下管理办法：

一、稻香小镇由村股份经济合作社社长出任董事长，村副书记、纪委书记出任监事，村社干部在企业兼职不得领取报酬。

二、根据稻香小镇实际运行规模，合理设置企业管理层及员工岗位。在本管理办法经永安村股份经济合作社股东代表大会授权稻香小镇公司可按照市场行情由公司自行确定员工岗位设置、招聘方案、薪酬标准、补贴发放等相关事宜。

三、稻香小镇的采购和项目工程问题

1.采购类项目，考虑到稻香小镇后续将会开展大量的种子采购及服务类项目的采购，30万元以下的物资采购和服务采购项目由稻香小镇公司自行组织招投标方式开展，超过限额的必须通过村股份经济合作社股东代表大会表决。

2.工程建设类项目，对于稻香小镇的工程建设类项目涉及的较多，且金额都较大，对于50万元以下的工程建设类项目由稻香小镇公司通过自行招投标方式开展，超过限额的必须通过村股份经济合作社股东代表大会表决。

四、严格遵守财务支出审批制度。稻香小镇公司应当根据企业实际运营模式，建立内部符合实际的审批流程。支出票据经职业经理人、公司监事（村副书记、村纪委书记）、公司法人（村书记）签字后方可付款。

五、村级独资、控股企业一律不准对外拆借资金，不准为其他单位或个人的债务提供担保，不准投资股市、期货市场，未经批准一律不许注册子公司。

六、未尽事宜可通过村股份经济合作社股东代表大会另行商议表决。

附录五 永安村村歌

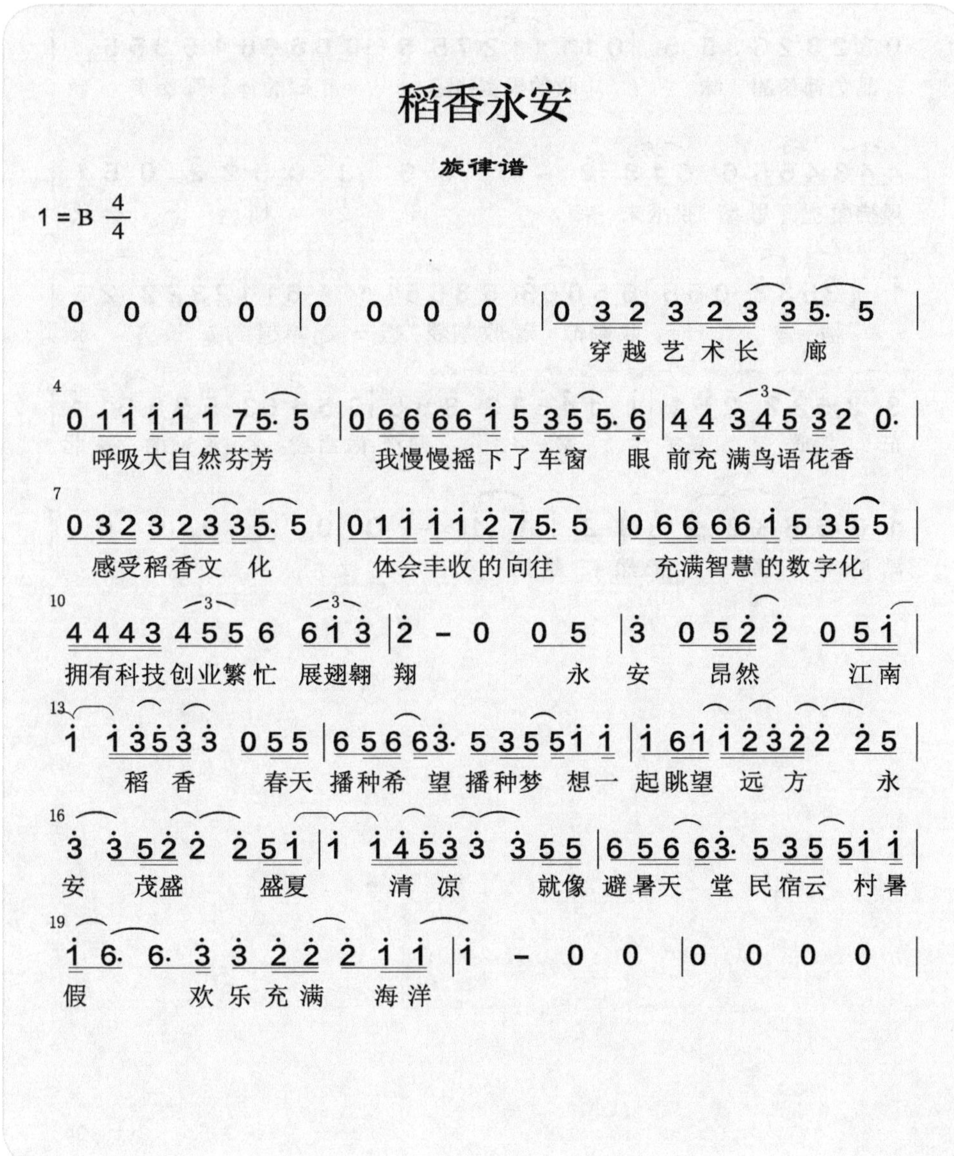
稻香永安
旋律谱
1 = B 4/4
穿越艺术长 廊
呼吸大自然芬芳 我慢慢摇下了车窗 眼 前充 满鸟语花香
感受稻香文 化 体会丰收的向往 充满智慧的数字化
拥有科技创业繁忙 展翅翱 翔 永 安 昂然 江南
稻 香 春天 播种希 望 播种梦 想一 起眺望 远 方 永
安 茂盛 盛夏 清 凉 就像 避暑天 堂 民 宿云 村暑
假 欢 乐 充 满 海 洋

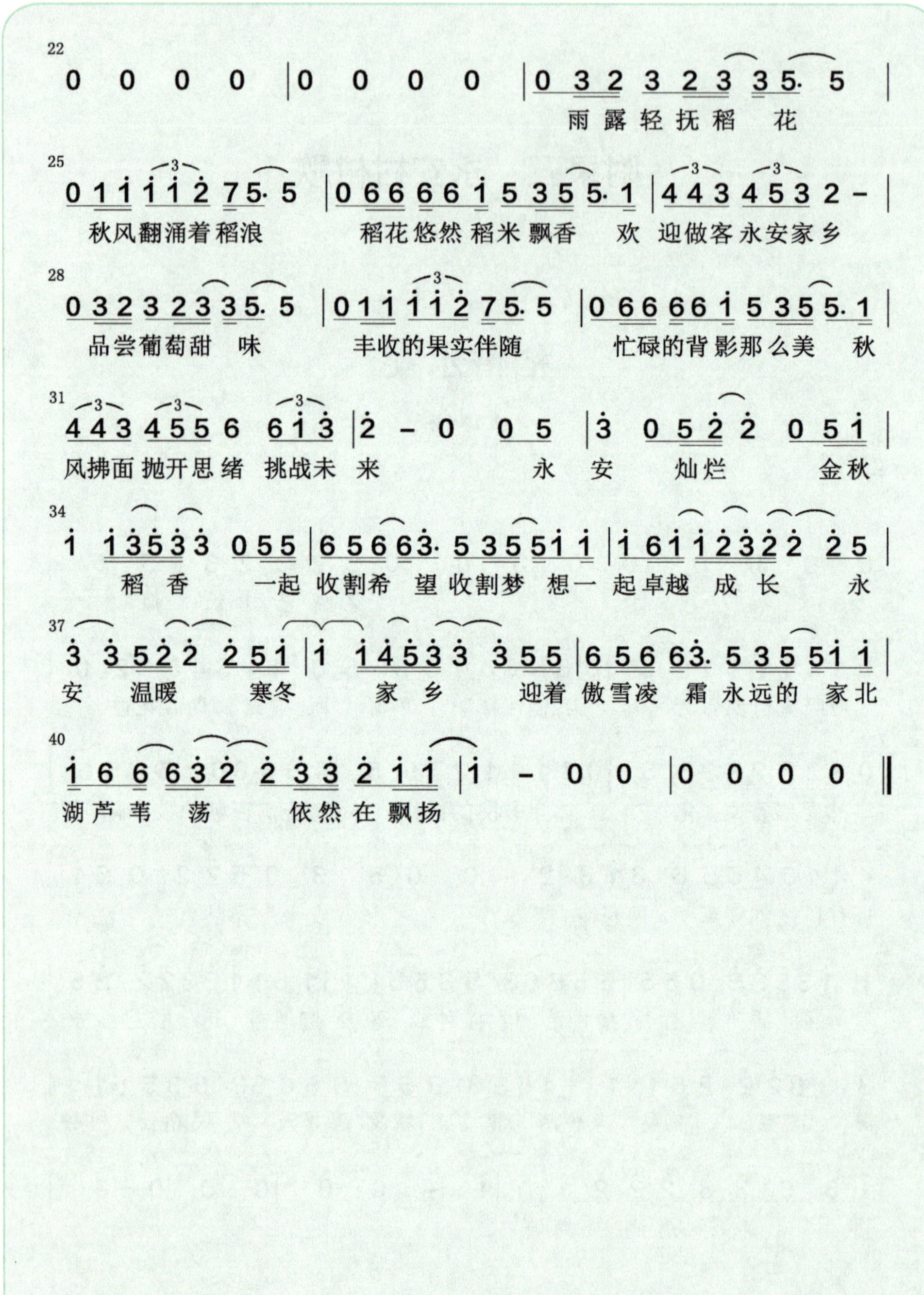
雨露轻抚稻 花
秋风翻涌着稻浪 稻花悠然 稻米 飘香 欢 迎做客 永安家乡
品尝葡萄甜 味 丰收的果实伴随 忙碌的背影那么美 秋
风拂面 抛开思绪 挑战未 来 永 安 灿烂 金秋
稻 香 一起 收割希 望 收割梦 想一 起卓越 成 长 永
安 温暖 寒冬 家 乡 迎着 傲雪凌 霜 永远的 家北
湖芦苇 荡 依然 在 飘扬

参考文献

陈丹, 张越, 2019. 乡村振兴战略下城乡融合的逻辑、关键与路径. 宏观经济管理（1）: 57–64.

谌玲, 孔祥利, 2022. 新发展格局和乡村振兴战略的内在逻辑、价值指向与施策重点. 河北经贸大学学报, 43（6）: 73–82.

丁嘉达, 潘伟光, 2022. 乡村振兴背景下农村职业经理人人才队伍建设研究. 四川农业科技,（12）: 109–111.

豆书龙, 叶敬忠, 2019. 乡村振兴与脱贫攻坚的有机衔接及其机制构建. 改革（1）: 19–29.

郭远智, 刘彦随, 2021. 中国乡村发展进程与乡村振兴路径. 地理学报, 76（6）: 1408–1421.

贺敬尧, 2022. 乡村振兴战略对马克思“三农”理论的创新发展. 核农学报, 36（4）: 867.

黄承伟, 2022. 新时代乡村振兴战略的全面推进. 人民论坛（24）: 44–49.

季宗富, 2023. 乡村运营的青山湖探索. 北京：中国农业出版社.

江世青, 2021. 如何破解“谁来兴村”问题——基于浙江省杭州市余杭区农村职业经理人的调研思考. 农村经营管理,（8）: 26–27.

孔祥利, 夏金梅, 2019. 乡村振兴战略与农村三产融合发展的价值逻辑关联及协同路径选择. 西北大学学报（哲学社会科学版）, 49（2）: 10–18.

李闯, 胡晓云, 蒋文龙, 等, 2021. 浙江省乡村品牌化建设的现状、问题与对策. 浙江农业科学, 62（6）: 1050–1056.

李闯, 易宣羽, 2021. 乡村振兴视域下乡村品牌化经营发展路径. 商业经济研究（11）: 138–142.

刘朝帅,王立胜, 2022. 中国特色反贫困道路深化：乡村振兴战略. 经济与管理评论, 38（6）: 144–160.

腾玲, 蒋文龙, 2022. “三化互促”：永安村的“稳粮经”. 农民日报，2022-03-24（1）.
王升, 马宁, 2023. 农村职业经理人成长困境与对策研究：以杭州为例. 浙江农业科学, 64（8）: 2046-2052.
文丰安, 2022. 乡村振兴战略实施背景下的新型城乡关系构建：意义、困境及纾解. 理论学刊（3）: 133-140.
吴江萍, 刘萍, 2022. 乡村振兴战略下“体旅农”融合发展研究. 财经理论与实践, 43（6）: 148-154.
叶超, 于洁, 2020. 迈向城乡融合：新型城镇化与乡村振兴结合研究的关键与趋势. 地理科学, 40（4）：528-534.
周林洁, 傅帅雄, 2022. 乡村振兴战略下解决“三农”问题的逻辑、关键与路径. 农业经济（8）: 27-29.
周颖, 蔡颖萍, 2022. 乡村振兴背景下乡村品牌化经营策略探析——以安吉县鲁家村为例. 湖州师范学院学报, 44（1）: 17-23, 51.